Jornada RPA e Hiperautomação

Antonio Muniz
Ana Cláudia Rodrigues
Leonardo Martins
Gilberto Strafacci

Jornada RPA e Hiperautomação

Como acelerar a transformação digital somando tecnologia e processos inteligentes

BRASPORT

Rio de Janeiro
2022

Editor: Sergio Martins de Oliveira
Gerente de Produção Editorial: Marina dos Anjos Martins de Oliveira
Editoração Eletrônica: Abreu's System
Capa: Trama Criações

J82 Jornada RPA e hiperautomação : como acelerar a transformação digital somando tecnologia e processos inteligentes / Antonio Muniz ... [et al.]. – Rio de Janeiro: Brasport, 2022.
248 p. ; il ; 17 x 24 cm.

Inclui bibliografia.
ISBN 978-65-88431-66-5

1. Automação. 2. Robotização. 3. Robótica. 4. Inteligência artificial. I. Muniz, Antonio. II. Rodrigues, Ana Cláudia. III. Martins, Leonardo. IV. Strafacci, Gilberto. V. Título.

CDU 007.52

Catalogação na fonte: Bruna Heller (CRB10/2348)

Índice para catálogo sistemático:
1. Robótica / Inteligência artificial 007.52

BRASPORT Livros e Multimídia Ltda.
Rua Washington Luís, 9, sobreloja – Centro
20230-900 Rio de Janeiro-RJ
Tels. Fax: (21)2568.1415/3497.2162
e-mails: marketing@brasport.com.br
vendas@brasport.com.br
editorial@brasport.com.br
www.brasport.com.br

Prefácio

Ao deparar com os temas abordados na presente obra, duas questões me vieram à mente: como conciliar o hiperdesenvolvimento tecnológico e a hipossuficiência das pessoas e como colocar nesse debate as questões éticas e sociais.

Poucas pessoas nas sociedades modernas são capazes de compreender como as novas tecnologias alteram as relações sociais e humanas, uma vez que sua inserção no mundo invariavelmente é silenciosa, imperceptível, e até aquelas que estão no centro do seu desenvolvimento muitas vezes não imaginam o seu impacto sobre o tecido social, até porque discutir isso não faz parte do processo, mesmo que as intenções sejam sempre no sentido de "liberar" as pessoas de trabalhos repetitivos e para trabalhos mais criativos, estratégicos etc. (será?).

Quando pensamos no potencial disruptivo das *infotechs* e das *biotechs*, por exemplo, com promessas de controle da própria existência, os impactos são inimagináveis. Daí a importância de colocarmos a ética no centro desse debate. Parafraseando Harari (21 lições para o século XXI), os seres humanos sempre foram melhores em inventar coisas do que utilizá-las com sabedoria.

Por isso, a responsabilidade de nossa geração é enorme!

Para Hess (*Humility is the new smart*), se por um lado as novas tecnologias podem desumanizar as empresas, uma vez que reduzirão o número de empregados, o futuro do trabalho parece apontar para uma combinação de inteligência artificial, robôs inteligentes e seres humanos. Por outro lado, as novas tecnologias irão, paradoxalmente, exigir que as empresas se tornem mais humanizadas em relação aos empregados que permanecerão.

Isso porque as atividades operacionais necessariamente serão obra da tecnologia, tornando-as comoditizadas. A inovação será a principal fonte de criação de valor e a única vantagem competitiva sustentável será a capacidade de aprender e de se adaptar mais rapidamente do que as outras empresas.

As pessoas serão necessárias apenas para as atividades cognitivas e emocionais de mais alto nível, o que tornará o desenvolvimento humano um imperativo estratégico. E esse ponto é abordado na presente obra coletiva, que aborda um grande espectro da história da automação e como isso tem evoluído rapidamente nos últimos anos.

O papel dos executivos de nosso tempo é entender esse ciclo e extrair o melhor desse processo dinâmico, participando desse processo evolutivo dos times humanos naquilo que é mais humano e fundamental, como a capacidade de escuta genuína, colaboração e aprendizado; saber "não saber" algo e aprender, desaprender e reaprender continuamente, questionar continuamente suas crenças sobre como o mundo funciona; e testar novas ideias e maneiras de alcançar os seus objetivos, aprendendo com esses experimentos.

Talvez esse seja o caminho para o estabelecimento de uma ética da inovação, uma que seja capaz de transformar o inevitável avanço tecnológico no desejável desenvolvimento do novo profissional, da nova sociedade e do novo mundo.

Ler esta obra com essa lente pode ser transformador.

Boa leitura!!

Pedro Brito
Ex-CEO e atual Diretor de Gestão de FURNAS

Prefácio

A relação histórica do ser humano com o trabalho nos mostra duas interessantes características que permanecem intactas ao longo de nossa evolução. A primeira delas é a criatividade para resolvermos problemas que nos impedem de termos algo que precisamos ou desejamos. Cozinhar uma raiz para que nosso organismo a consiga digerir; lapidar a ponta de uma pedra para que seja possível cortar a raiz ao meio; projetar moinhos movidos pela força da correnteza de um rio; criar um dispositivo que permita enviar mensagens a longa distância usando corrente elétrica. São inúmeros os exemplos de como o avanço da sociedade foi viabilizado pela aplicação prática da nossa criatividade.

A segunda característica é a busca constante pelo aprimoramento do trabalho. A inquietude sobre como fazer algo ser melhor e mais eficiente. É da nossa natureza buscar poupar energia e isso advém do nosso DNA. Quando lutávamos para sobreviver do frio e das ameaças dos animais maiores, a nossa energia corporal devia ser usada apenas para capturar sementes, raízes, animais de menor porte ou para fugir de predadores. Herdamos isso e temos, por definição, uma programação mental para tentar sempre otimizar alguma atividade que pareça desnecessária.

Juntando a criatividade e a inquietude por otimização, conseguimos explicar como avançamos do primeiro arado mecânico até os campos automatizados ou as fábricas escuras, onde o ser humano apenas atua no papel de controle e monitoramento. O corriqueiro hábito de fazermos videoconferências com pessoas de diferentes países é um belo exemplo do potencial humano de ser criativo e otimizar o trabalho. Viabilizamos a operação de organizações globais por meio de tecnologias de colaboração que geraram economias significativas para as empresas e pouparam tempo de transporte e espera, que afastam os humanos das atividades de real valor.

Todavia, pela própria natureza dessas duas características que citei, operamos sempre em ciclos. Não há um fim por si só para essa jornada de busca por novas soluções de trabalho mais inteligentes e que consumam menos energia. Haverá sempre uma nova fronteira a ser explorada. E é sobre essa nova fronteira que este livro irá tratar. O advento da automação robótica para tarefas de escritório, atrelada a tecnologias de ponta como inteligência artificial, aprendizado de máquina e *big data*, por exemplo, viabiliza um novo salto de eficiência para organizações de todos os portes e setores.

Muitas empresas ainda possuem uma série de processos de trabalho que têm características repetitivas e de baixo valor agregado. Procedimentos que são feitos diariamente por centenas de milhares de pessoas mundo afora, executando a mesma rotina sem aplicar as características tipicamente humanas: criatividade, resolução de problemas, pensamento crítico, dentre outras.

É a partir desse contexto de tarefas repetitivas que se expandem rapidamente pelo mundo as temáticas de RPA e de automação inteligente. Passamos a ter ferramentas para eliminar o trabalho de baixo valor agregado do ser humano, nos poupando energia e nos direcionando para aquilo que demanda o uso do nosso cérebro e das capacidades decisórias.

E a revolução aconteceu. Nos últimos anos, as reuniões empresariais mais pareciam capítulos do romance de Isaac Asimov, "Eu Robô". Todos queriam os tais robôs em suas áreas, ajudando a reduzir o trabalho manual e repetitivo. Robôs ganharam nome, sobrenome e apelido. Departamentos de comunicação e marketing construíram interfaces amigáveis e felizes para os robôs, que passaram a ser chamados de a nova força de trabalho digital.

Voltando às características humanas básicas, convém falar que, mesmo imbuídos de espírito criativo e de buscar a otimização de nossos trabalhos, nós erramos. E erramos sistematicamente. O erro faz parte do processo de evolução humana desde sempre e, em certos casos, é do que precisamos para parar, refletir e acertar o percurso das tecnologias que criamos.

Todo o advento de RPA e das tecnologias inteligentes está nos fazendo pensar sobre novos aspectos da evolução. Como garantir que a robotização entrará nas organizações para somar capacidade e potencializar o ser humano, e não para reduzir sua importância? Como governar as diferentes iniciativas de robotização para que uma falha grave de *compliance*, ou erro de processo, continue tendo *accountability* organizacional? Como trazer a discussão de valores organizacionais e ética para a programação de um algoritmo de inteligência artificial?

Essas são as novas fronteiras. Robotização como aliada do ser humano, guardiã da ética e dos valores. Se voltarmos a Asimov, lembraremos das três leis da robótica:

- ✓ Um robô não pode ferir um humano ou permitir que ele sofra algum mal.
- ✓ Os robôs devem obedecer às ordens dos humanos, exceto nos casos em que essas ordens entrem em conflito com a primeira lei.
- ✓ Um robô deve proteger sua própria existência, desde que não entre em conflito com as leis anteriores.

Está na hora de sermos os protagonistas e escrevermos as próximas leis da robótica corporativa, que trarão segurança e garantia do respeito às leis, à ética e à perenidade da capacidade do ser humano se sustentar e sustentar suas famílias.

Convido você a desfrutar deste livro, resultado de um intenso trabalho colaborativo das pessoas mais engajadas no tema robotização aqui no Brasil. Escrito por muita gente boa com o intuito de propagar o bom uso da tecnologia nas empresas.

Uma excelente leitura e até breve.

Carlos Eduardo Carvalho
Sócio-Diretor e Fundador da Bridge & Co

Prefácio

É um grande orgulho e muita alegria estar presente neste livro, liderado pela Ana Cláudia e Antonio Muniz, escrevendo o prefácio de uma obra realizada com uma escrita colaborativa potencializando a inteligência coletiva de pessoas com experiências diversificadas. E esse modelo aplicado da Jornada Colaborativa é um grande exemplo prático de que juntos realmente somos mais fortes. Eu, particularmente, passei por essa incrível experiência na construção do livro "Jornada CSC", em conjunto com quase 50 coautores.

Uma reflexão importante: é impossível falar desses dois livros de forma isolada. São assuntos intimamente ligados... de um lado, no centro de serviços compartilhados (CSC), temos um celeiro de oportunidades para a aplicação de tecnologias; de outro lado, temos *Robotic Process Automation* (RPA) e demais tecnologias como uma alavanca poderosa de transformação digital. Ou seja, um casamento perfeito!

Automação, digitalização, ou qualquer outro termo utilizado no ambiente corporativo relacionado a tecnologias para processos, é uma realidade cada vez mais presente e um caminho inevitável para quem pensa em otimização e escala.

Temos a eficiência, velocidade e competitividade com grandes objetivos na mente de executivos no uso de RPA e demais tecnologias. Para as empresas que buscam ser mais competitivas, ter maior controle, padronização, otimização, redução de custos, evitar perdas, mitigar erros e escalabilidade, o modelo de um CSC é tudo o que precisam. Nesse modelo passamos a centralizar todas as funções de apoio e transacionais da empresa, permitindo que as demais unidades do negócio possam focar exclusivamente no seu *core business*.

A grande pressão por digitalização de processos e operações, pela qual as empresas estão passando, coloca RPA como um grande facilitador e acelerador dessa transformação, que tende a automatizar quase na sua totalidade as atividades desse *backoffice*.

Quando se fala em CSC, imediatamente nos remetemos a tecnologia e inovação. São duas competências fundamentais para a sustentação e o futuro dos centros de serviços, principalmente se queremos avançar para um modelo de plataforma de serviços digitais. E o tema automação de processos, que faz parte do *business* de um CSC, é fundamental para a sua estrutura à medida que temos os processos bem estruturados, maior maturidade nas execuções, padronização no CSC e tecnologia para suportar a automação.

A estratégia de automação também vem evoluindo, especialmente no que diz respeito à governança, com a estruturação de um Centro de Excelência (CoE), sendo fundamental para dar sustentação a todo o processo de melhoria contínua e evolução das automações e por consequência os ganhos financeiros levantados nos projetos.

As empresas buscam, com a transformação digital, focar na experiência e agilidade no atendimento ao cliente, aumento da produtividade, performance operacional com redução de custos, padronização de processos, centralização da informação e geração de dados de forma rápida e objetiva.

E, nesse contexto, as funções padronizadas e repetitivas passam a ser substituídas pela automação e RPA. A hiperautomação vem ganhando cada vez mais espaço e se consolidando também como um complemento importante à RPA, firmando-se como uma tendência para os planos de expansão da transformação digital em um mundo digital.

Neste livro você encontrará desde o histórico conceitual da automação, era dos dados, automação robótica, passando pela hiperautomação, automação inteligente até a construção de um *business case*. Sem falar da colaboração entre humano e robô. Talvez a busca do equilíbrio entre tecnologia e pessoas possa ser o grande desafio dos próximos anos...

Não tenho dúvidas de que este livro será uma grande referência para as empresas, sendo leitura obrigatória para a aplicação na prática dessas tecnologias e em especial na aplicação dentro das estruturas de CSCs.

Aproveitem essa jornada!

Timóteo Tangarife
Diretor Presidente da Associação Brasileira de Serviços Compartilhados (ABSC), Superintendente do CSC Eletrobras e Líder do time organizador e curadoria do livro *best-seller* "Jornada CSC"

Apresentação da Jornada RPA e Hiperautomação

Desde o lançamento dos três primeiros livros em 2019, o meu papel na Jornada atualmente está mais relacionado com a formação e mentoria de novos líderes em dezenas de times para a escrita dos livros e eventos de lançamento. O grande desafio da escrita colaborativa é a criação de sinergia entre pessoas com experiências complementares e muitas vezes divergentes.

Para orquestrar cada time, convido uma das pessoas do time organizador para liderar as iniciativas de ponta a ponta e não tive dúvidas de que esse papel poderia ser realizado com maestria pela Ana Cláudia Rodrigues. Adoro conhecer pessoas que o colocam para cima e a Ana Cláudia tem um brilho nos olhos que contagia. Seu entusiasmo em colaborar é tão grande que ela já participou de várias iniciativas da Jornada: coautora do futuro livro de *data driven*, revisora do livro "Jornada Business Agility", palestrante do Summit, visita na Aliança dos Cegos, JornadaCast e Jornada Learning.

A escolha do time organizador e dos coautores com experiências diversificadas é outro desafio, e tivemos uma rápida adesão de pessoas incríveis com a liderança agregadora da Ana Cláudia, que foi uma grande catalisadora para esse resultado.

A hiperautomação é fundamental para todas as organizações que desejam acelerar seus resultados aproveitando as oportunidades da transformação digital. Destaco a seguir conclusões importantes divulgadas pela Gartner em abril de 2021 no *press release* "Gartner Forecasts Worldwide Hyperautomation-Enabling Software Market to Reach Nearly $600 Billion by 2022" (GARTNER, 2021):

1. O mercado mundial para hiperautomação chegará a US$ 596,6 bilhões em 2022. A previsão da própria Gartner era de US$ 481,6 bilhões em 2020.
2. A pandemia acelerou a aceitação da automação e as áreas de negócio exigem soluções para gerar grandes resultados.

3. A hiperautomação era vista como diferencial e passou a ser condição de sobrevivência para as organizações.
4. Há previsão de que até 2024 as organizações reduzam os custos operacionais em 30% combinando tecnologias de hiperautomação e revisão dos processos operacionais.
5. Será um fator primordial o uso da hiperautomação para que as empresas alcancem a excelência operacional e a economia de custos em um mundo cada vez mais digital.

Vale destacar que a aplicação eficaz das práticas de RPA e hiperautomação libera as pessoas para o trabalho mais intimamente relacionado com as habilidades humanas, como criatividade, inovação, imaginação e criação do futuro. Desta forma, a liderança pode priorizar as iniciativas que potencializam a inteligência coletiva dos times para gerar produtos e serviços que façam a diferença na experiência dos clientes.

Tenho reforçado em minhas palestras e mentorias que é fundamental adaptar as práticas que funcionam no Vale do Silício para nossa realidade. Temos grande orgulho de lançar um livro com significativas experiências brasileiras para contribuir com todos que estão trilhando a Jornada RPA e Hiperautomação em suas organizações.

Parabéns ao time organizador e aos coautores pelo excelente resultado!

Antonio Muniz
Fundador da Jornada Colaborativa, JornadaCast, Criador do programa LiderProExpert

Sumário

PARTE III.
ROADMAP PARA AUTOMAÇÃO INTELIGENTE

PARTE IV. GOVERNANÇA E GESTÃO: O CENTRO DE EXCELÊNCIA

PARTE V. TECNOLOGIAS DA HIPERAUTOMAÇÃO

PARTE I. INTRODUÇÃO

1. A evolução histórica da automação

Victor Camacho

A automação não é algo novo

Sempre que trazemos à tona o termo "automação", este vem cercado de crenças equivocadas e um certo temor, devido ao fato de sempre definir algo muito novo, algo que nunca fizemos antes ou algo muito moderno, e muitos não procuram entender melhor o seu significado.

Pensando em uma definição mais formal, teremos que automação é:

> *Toda operação controlada de forma automática sobre um conjunto de atividades, processos ou sistemas, através de dispositivos mecânicos ou eletrônicos, que são capazes de substituir, complementar ou aprimorar o trabalho humano.*

Através desta definição, e olhando para trás, vemos que não se trata de um termo novo: já automatizamos tarefas desde os primórdios da história. O ser humano sempre utilizou de sua capacidade de raciocinar para entender que, diferentemente de outros animais, ele poderia, sim, inovar, buscar novos meios de sobrevivência e realizar tarefas com menos esforço. Alguns grandes exemplos de automação dos seres humanos primitivos:

- ✓ Uso do fogo
- ✓ Ferramentas de madeira e pedra
- ✓ Roda
- ✓ Corda

Muitas coisas com as quais já estamos habituados em nosso dia a dia, em algum momento no passado foi uma grande inovação para automatizar alguma atividade. Seja uma forma mecânica ou eletrônica, o ser humano está sempre buscando inventar algo novo que reduza o esforço manual ou intelectual na execução de tarefas.

Normalmente, eliminam-se tarefas que não dependem das características inerentes ao ser humano, como sua capacidade cognitiva, analítica, emocional etc.

Importância das revoluções industriais para o cenário de automação[1]

A busca dos seres humanos por automatizar suas atividades, apesar de existir desde sempre, foi muito mais acentuada através da evolução das sociedades, em especial com a necessidade de aumento em escala das produções, seja por desejo econômico-financeiro, seja por haver uma sociedade cada vez maior precisando de mais insumos.

Essas necessidades evolutivas são mais bem demonstradas pelos eventos das revoluções industriais, onde tivemos grandes saltos na modernização e automação de atividades. E vamos observar que toda revolução industrial teve como ponto central a automação.

Chamamos de **revolução industrial** o processo que levou à substituição das ferramentas pelas máquinas, da energia humana pela energia motriz e do modo de produção doméstico (ou artesanal) pelo sistema fabril. O advento da produção em larga escala mecanizada deu início às transformações dos países da Europa e da América do Norte.

Essas nações se tornaram predominantemente industriais e suas populações passaram a se concentrar cada vez mais nas cidades.

Primeira revolução industrial – 1760 a 1840

Mecanização dos processos movida a água e vapor

Tivemos nesse período o primeiro grande evento de modernização da produção, possibilitando e habilitando as indústrias a produzir em larga escala. Os modelos agrícola e artesanal de produção começaram a ser substituídos pelo modelo industrial existente até hoje. A palavra central dessa época é **mecanização**.

Esse movimento foi a introdução das máquinas nos processos produtivos, bem como a fabricação de produtos químicos e a expansão do transporte de pessoas e produtos, sobretudo por ferrovias e navios a vapor. Percebemos aqui uma grande liberação de

---

[1] Referência: Bezerra (s.d.).

mão de obra humana (insalubre e que punha muitos seres humanos em riscos de degradação de saúde) sendo substituída por automações realizadas por máquinas.

Segunda revolução industrial – 1850 a 1950

Produção em massa, eletricidade e linhas de produção

Esse período foi marcado pela consolidação do progresso científico e tecnológico, espalhando-se por outros países da Europa, como França e Alemanha. A palavra central dessa época é a **eletricidade**.

Foi nessa época que aconteceram descobertas e inventos que marcam a nossa sociedade até os tempos de hoje. Dos grandes avanços para alavancar esse progresso, podemos destacar:

- ✓ Implantação da linha de produção, possibilitando a produção em massa.
- ✓ Energia elétrica.
- ✓ Invenção da lâmpada incandescente.
- ✓ Criação dos meios de comunicação (telégrafo, telefone, televisão, cinema e rádio).
- ✓ Avanços nos processos de utilização do aço, que foram essenciais para a construção de máquinas, pontes e fábricas.
- ✓ Progresso dos meios de transporte e comunicação.
- ✓ O avião, a refrigeração mecânica e o telefone foram inventados no período.

Outro aspecto importante da segunda revolução foi o advento de metodologias para otimização e automatização das linhas de produção. Das conhecidas, podemos destacar o fordismo e o taylorismo, que vieram a revolucionar o sistema de produção das fábricas com as famosas esteiras rolantes. Elas dinamizavam e otimizavam o processo, reduzindo o esforço e o desgaste humano. O progresso foi se mostrando favorável, tendo libertado grande parte da sociedade de condições precárias de trabalho e permitindo acesso a novos itens de consumo com menor custo.

Esse sentimento proporcionado pelo fordismo e taylorismo criou na sociedade o desejo e a consciência de buscar meios de automatizar seus processos em todas as áreas e assim liberar o ser humano para ser mais humano e menos "mecânico/robótico".

Terceira revolução

Computação, automatização, robotização, digitalização e internet
O que vimos de evolução na segunda revolução industrial, observamos ser aprimorado e alavancado em larga escala nesse período. E temos como palavra central a **computação**.

A terceira revolução industrial se caracteriza pela substituição gradual da mecânica analógica pela digital, pelo surgimento dos equipamentos eletrônicos, telecomunicação e computadores e criação da internet (1969). Foi percebida também uma crescente digitalização de arquivos e houve a invenção da robótica industrial. Nesse período, as máquinas não só faziam os trabalhos braçais humanos, como começávamos a ver máquinas e dispositivos computacionais substituírem a capacidade lógica e de cálculo dos seres humanos. E isso foi muito mais impactante, uma vez que a capacidade de processamento de informações e realização de cálculos evolui exponencialmente.

Os aspectos de evolução da segunda revolução, impulsionados pelo advento da tecnologia e eletrônica e o que era percebido nas indústrias, começaram a chegar rapidamente também nos escritórios e nas residências. Metodologias antes aplicadas à linha de produção e aos chamados "colarinhos azuis" começaram a ser adaptadas e aplicadas para aprimorar e automatizar tarefas que impactavam diretamente escritórios e os chamados "colarinhos brancos". Vimos chegar os PCs, celulares e diversos outros dispositivos eletrônicos conectando pessoas e empresas, e permitindo a geração, o armazenamento e a distribuição de grande volume de informações, de forma globalizada e democrática.

O período também foi marcado pela introdução de novas fontes de energia, tais como a energia nuclear, solar, eólica e o desenvolvimento da engenharia genética e biotecnologia, além de novos métodos de agricultura por meio da produção informatizada.

Quarta revolução

Transformação digital, IoT, IA e automação de processos através de softwares
Antes de falarmos sobre a quarta revolução, é importante ressaltar que ainda há um grande debate sobre este termo. Muitos historiadores afirmam que ainda estamos na era da terceira revolução, enquanto cientistas econômicos, estudiosos e entusiastas da evolução tecnológica têm como marco de início da quarta revolução o ano de 2011, segundo dados de Klaus Schwab, presidente do Fórum Econômico Mundial, e

autor do livro "A Quarta Revolução Industrial" (WORLD ECONOMIC FORUM, s.d.). Segundo ele, o conceito está ligado ao de Indústria 4.0, modelo empresarial que já tinha como objetivo utilizar todas as tecnologias atualmente disponíveis para gerar conhecimento e produtividade. A palavra para este período é **colaboração**.

Aquilo que batizaram agora como "Revolução 4.0" ou "Indústria 4.0" – iniciada em 2011 – tem a ver com a confluência de praticamente todas as tecnologias hoje existentes e que efetivamente estão transformando o mundo de uma forma geral. Uma das principais características é a interconexão e colaboração entre todas as etapas da produção.

A quarta revolução industrial é diferente de tudo o que a humanidade já experimentou. Novas tecnologias estão fundindo os mundos físico, digital e biológico de forma a criar grandes promessas e possíveis perigos. Após observar em primeira mão como os líderes mundiais navegaram pela revolução digital, Schwab está convencido de que estamos no início de um período ainda mais emocionante e desafiador.

Já presenciamos máquinas e softwares não só auxiliarem o ser humano em tarefas braçais ou cálculos complicados, mas também capazes de replicar as ações humanas, a capacidade de decisão lógica e o julgamento humano através de inteligência artificial. Tudo isso não só em operações industriais, mas no dia a dia. E vale ressaltar que é a era em que mais vimos grandes teorias e previsões futurísticas de obras literárias e cinematográficas se concretizarem.

A observação mais importante nesta nova era que vivemos é que a transformação não mais acontece nas indústrias e empresas primeiro para após um tempo de maturação impactar as pessoas e os domicílios. A transformação acontece através de todas as pessoas conectadas. Todos nós, com o menor acesso à tecnologia que se tenha, geramos insumos, dados e informações cruciais para o aumento e a evolução de toda a cadeia tecnológica e econômica. Com base em um novo fenômeno tecnológico – a digitalização das informações e a utilização dos dados para tornar a indústria mais eficiente –, essa nova revolução visa reduzir falhas e aumentar a sustentabilidade da indústria e a lucratividade.

Estamos vivendo uma era na qual o maior patrimônio está deixando de ser grandes *commodities* e matérias-primas e passando a ser algo que está espalhado por todos nós: **DADOS**!

História da automação de processos e RPA[2]

Em meio às revoluções industriais descritas anteriormente, com os diversos avanços, descobertas e invenções, vimos a realidade dos processos industriais e corporativos sofrerem impactos diretos, tanto em modernização quanto em relação à automação.

A era industrial (1750 a 1960) remontou os cenários de como as empresas enxergavam seus processos. Em vez de somente resolver o modo como um produto era criado, as empresas passaram a ter uma cultura voltada a realizar seus processos da maneira mais rápida, com aumento da produtividade, maior eficiência e especialização, tudo visando o menor desperdício possível (tanto de material quanto de recursos financeiros). E essas vantagens somente são alcançadas através de investimento em tecnologia e automação.

Passado esse período, entramos na chamada "Era da Informação", iniciada em 1970, e suas novas ondas que se sucederam pelas décadas seguintes. Nesta nova era, percebemos acontecer em paralelo o nascimento e a maturação das tecnologias bem como das metodologias de gestão e melhoria de processos, que, juntas, viriam a culminar na Automação Robótica de Processos (RPA).

As três ondas de evolução da automação de processos

Primeira onda: melhoria de processos e automação computadorizada (1970 a 1980)

Nesta primeira onda, uma vez que a era industrial já havia nos trazido as evoluções das linhas de produção e metodologias de produção em massa, percebemos um grande movimento em busca do aprimoramento dos processos e, principalmente, da melhoria da qualidade e da eficiência através da informatização dos processos e das linhas de produção. Esses termos, apesar de serem importantes desde a era passada, vieram a se tornar neste novo período um grande diferencial competitivo entre as empresas. Não bastava mais somente entregar mais em menor custo, mas também entregar com melhor qualidade (com a implantação das metodologias de TQM – *Total Quality Management*), melhor aproveitamento da mão de obra humana e com menor risco de acidentes e defeitos com as máquinas, através da implantação de métodos para melhoria de processos e controles estatísticos.

---

[2] Referência: Javatpoint (s.d.).

No que tange à gestão econômica desses processos, observamos um forte movimento de diversificação, fusões e aquisições, fomentado principalmente pela necessidade de evolução dos negócios.

Segunda onda: reengenharia e o nascimento do BPM (1990 a 2000)

Na segunda onda observamos um foco em inovação nos processos e na definição de melhores práticas. Com as empresas cada vez mais conectadas pela disseminação da internet, a importância da cadeia de valor foi aprimorada, trazendo conceitos como *flat organizations*, valor agregado aos clientes e excelência operacional.

Foi nesta onda que os processos tiveram um grande avanço em termos de informatização e automatização, com o advento do ERP (*Enterprise Resource Planning*, ou sistema de gestão integrado), do CRM (*Customer Relationship Management* ou gestão de relacionamento com o cliente) e da gestão da cadeia de suprimentos.

E neste mesmo período vimos nascer ou serem fortalecidas importantes metodologias e ferramentas para a gestão de processos, como sistema ABC, Six Sigma e métodos de reengenharia de processos, além de vermos então nascer as metodologias de BPM (*Business Process Management*, ou gestão de processos de negócios), dando o primeiro aporte para otimização e automação dos processos, integrações de sistemas, integração entre processos de empresas (como B2B, B2C, ente outros) e arquitetura de processos focada em serviços e softwares de gestão da performance de processos, sendo então compostos de diversos métodos que visam não somente processos de forma pontual, mas otimização de processos de negócios de ponta a ponta.

Com grandes empresas despontando no ramo da tecnologia nos anos 90 (incluindo IBM e Oracle), surgiram múltiplas tecnologias de automação. Esse novo aporte de tecnologias de gestão e informatização de processos tornou real a necessidade de automação de processos de negócios, sendo denominada nesta época de *Business Process Automation* (BPA), e ocorreu o surgimento do BPO (*Business Process Outsourcing*). O BPM continua a ser uma força motriz hoje e o RPA é considerado um campo emergente dentro do BPA.

Terceira onda: automação robótica de processos (2000 em diante)

Chegamos à terceira onda – e muito do que foi implantado, até então, se tornou subsídio para grandes avanços que ainda percebemos nos dias de hoje.

Neste período, observamos um foco maior nos temas relacionados à avaliação, adaptabilidade, melhoria contínua e agilidade. Diante de um cenário de hipercompetição e hiperconectividade, as empresas passaram a um estado de iminente necessidade de evolução dos seus métodos de gestão, tanto na visão macro quanto na visão micro.

E com essa gama de novas tecnologias e conceitos, vimos por fim nascer a Automação Robótica de Processos (RPA – *Robotic Process Automation*). A RPA surgiu nos meados dos anos 2000: a Blue Prism lançou seu primeiro produto em 2003 e a UiPath e a Automation Anywhere lançaram suas bibliotecas de automação na mesma época (todas as empresas foram fundadas um pouco antes).

De acordo com Alastair Bathgate, CEO da Blue Prism: "começamos a focar no espaço BPO como uma rota para o mercado". A UiPath também começou a ver tração para seu produto com uma empresa indiana de BPO. Assim, o RPA começou como uma forma de reduzir custos na terceirização de processos de negócios e mudou-se para serviços compartilhados, *outsourcing* de TI e outras áreas de negócios.

A terceirização reduz os gastos movendo tarefas e processos manuais de nível inferior para mão de obra mais barata. Em um esforço para continuar a reduzir custos, a RPA começou a melhorar os processos repetitivos realizados por esses provedores de terceirização.

2. A era dos dados

Luiz Eduardo Labriola

Nunca vivemos tão conectados como hoje!

Também nunca tivemos tanto acesso à informação quanto hoje e, mesmo assim, conseguimos viver em diversos momentos de forma desinformada. Se você, leitor, se conectou com esta frase, bem-vindo à **era dos dados**.

Avanço da tecnologia

A chegada da era pós-digital vem transformando o relacionamento entre pessoas, entre pessoas e organizações, e entre organizações. A velocidade, nunca tão rápida como agora, provoca uma avalanche de riscos e oportunidades para empresas que se mantêm de forma tradicional e que se adaptam ao mesmo tempo.

O autor Alvin Toffler dizia que a história humana poderia ser dividida em "ondas" (JASON, 2014). Se fôssemos dividir em poucas "ondas", acredito que faríamos algo parecido com a Figura 2.1.

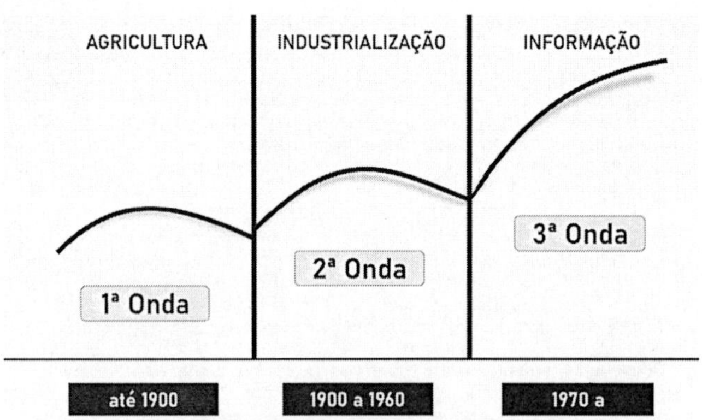

Figura 2.1. Ondas da humanidade.
Fonte: adaptada de Jason (2014).

Até o final do século XIX, ou até 1900, a economia girava em torno da agricultura. Alguém se lembra das aulas de história, que ensinavam que o Brasil foi líder em exportação de café, açúcar, algodão, borracha?

Seguimos no início do século XX para uma era de máquinas. O capítulo anterior abordou as revoluções industriais que marcaram época, principalmente na Europa, mudando a vida dos trabalhadores à medida que estes se adaptavam à vida nas fábricas.

Por fim, a última onda, segundo Toffler, é a onda da informação que vivemos até hoje. Depois de eliminar o foco na agricultura e o foco na industrialização, viemos para trabalhos especializados. Foram eliminados trabalhos de baixa qualificação na indústria e se iniciou trabalho para profissionais mais especializados, assim como surgiram trabalhadores do conhecimento.

Se fôssemos ampliar a onda de informação da figura anterior, poderíamos destacar os avanços recentes da tecnologia. A Figura 2.2 recorta o avanço da tecnologia entre 1980 até a projeção de 2025. Ao realizarmos uma breve análise da figura, vemos um crescimento relativamente linear até 2010, oriundo do início do computador, globalização da internet, criação das redes sociais, plataformas digitais etc. Entre 2010 e 2020 já inicia uma curva de crescimento mais acentuada com inteligência artificial, computação quântica etc. A partir de 2020 projeta-se um crescimento exponencial das tecnologias.

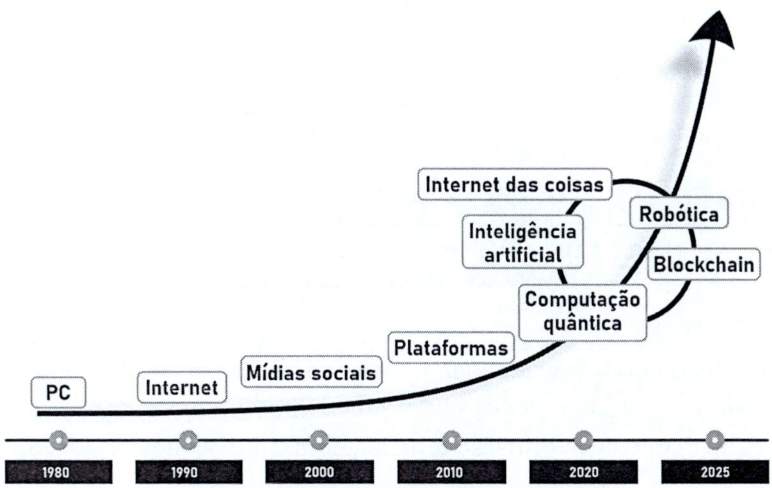

Figura 2.2. Crescimento exponencial da tecnologia.
Fonte: adaptado de Schorn e Borba (2019).

O valor dos dados para as organizações

A tecnologia mudou a perspectiva de valor dos dados nas organizações. Temos algumas frases populares que dizem:

- ✓ Os dados são o petróleo do amanhã.
- ✓ *Big data, big problem.*
- ✓ Sem dados você é apenas uma pessoa com opinião.

Os dados são um novo direcionador nas empresas e trazem possibilidades infinitas para tomada de decisão, melhoria de processos, automação e inovação. Talvez não seja claro para todos os leitores, mas tudo começa com um dado (MONTEIRO, 2016). Veja a Figura 2.3.

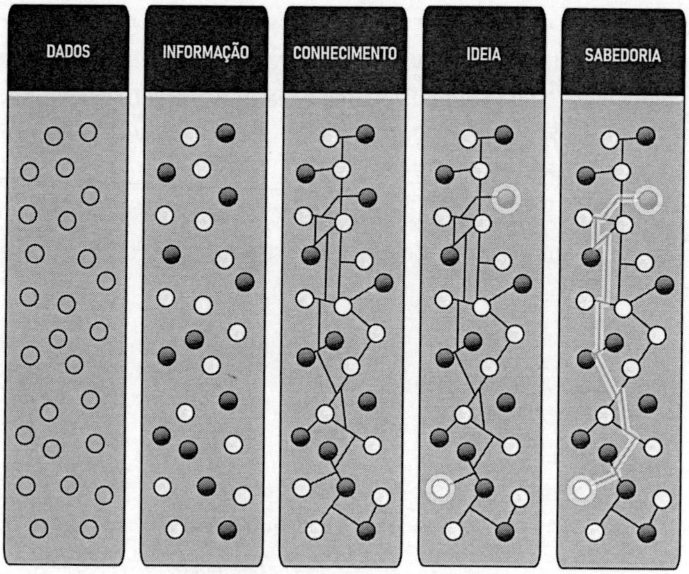

Figura 2.3. Dados, informação, conhecimento, ideia e sabedoria.
Fonte: adaptado de Monteiro (2016).

Um dado isolado não traz valor algum, assim como dados não padronizados, não tabulados ou com parâmetros diferentes. Precisamos juntar um conjunto de dados para gerar algum tipo de informação e, assim, possibilitar alguma ação e/ou tomada de decisão.

De forma análoga, a partir de informações geramos conhecimento organizacional. Tiramos decisões baseadas em sentimentos, "achismos" gerenciais, e nos pautamos em dados. Os conhecimentos possibilitam ideias, novos caminhos, descobertas, experimentações. Estes últimos possibilitam a sabedoria organizacional – em outras palavras, permitem ser referências em seu nicho de mercado.

As empresas utilizam dados como vantagem competitiva. Algumas muito conhecidas são Netflix, Google e Facebook.

Gostaria de citar o exemplo da inteligência artificial (IA) na Netflix. Tudo começa com a estratégia: a Netflix tem poucos pontos de contato pessoal, tudo é feito diretamente no site ou pelo aplicativo.

Com base nos dados de sua utilização, são salvas as suas preferências, são criados os *top* 10, *trending* e as recomendações para você. Quanto mais você utiliza, mais objetivas são as recomendações feitas pela Netflix. Em outras palavras, tomam decisões sobre o que você deve assistir e resolvem o seu problema de escolher. Novamente, tudo utilizando dados fornecidos por você.

Volto ao início deste capítulo e pergunto: se você se conectou com o que foi dito aqui, bem-vindo à **era dos dados**.

3. Automação de processos e o início da automação robótica

Victor Camacho
Kelly Portela

RPA (*Robotic Process Automation* ou Automação Robótica de Processos) é a combinação de várias tecnologias reunidas sob um conjunto de ferramentas para diferentes fins de automação, como veremos em mais detalhes nos próximos capítulos.

Para começar este capítulo, vamos examinar todos os eventos que levaram ao surgimento da RPA.

RPA: uma nova solução antiga[3]

A automação de processos, se utilizando de tecnologia e softwares, existe há bastante tempo, mas para muitos não é perceptível como a RPA se compara com às outras tecnologias. A tecnologia RPA compartilha algumas semelhanças com suas predecessoras? Se sim, como elas são parecidas e onde divergem? Como a RPA amadureceu e cresceu em tão pouco tempo, e quais são os marcadores ou sinalizadores vitais para esse desenvolvimento? Para responder a essas perguntas e seguir a história da automação, examinaremos o desenvolvimento da RPA, suas raízes e evolução.

Os principais predecessores da tecnologia RPA[4]

A RPA é considerada uma tecnologia disruptiva, que quebra paradigmas e muda o jogo; mas um debate frequente na comunidade de automação é se a RPA se apresenta como um novo desenvolvimento ou se ela deve ser vista como uma extensão das tecnologias que a precederam. Para saber onde você está agora, você deve examinar onde você esteve. Para poder apreciar o estado atual da RPA, precisaremos entender

---

[3] Referência: Fast Path (2020).

[4] Referência: Javatpoint (s.d.).

o que veio antes, começando principalmente com as evoluções tecnológicas até meados dos anos 90 e os avanços subsequentes.

Devido à velocidade da evolução de tecnologias para automação de processos, houve uma busca urgente por algumas tecnologias que muito se assemelhavam à RPA. Na história da automação de processos destacamos três tecnologias predecessoras que foram cruciais para o surgimento da automação robótica de processos. São elas: *screen scraping*, *workflow automation* e inteligência artificial.

Screen scraping

A tecnologia de *screen scraping* (raspagem de tela) é considerada um passo significativo para a criação da RPA. Encontramos na história registros de aplicação de softwares de *screen scraping* antes mesmo da internet ter sido implementada. Tinha sido a primeira tecnologia a fazer uma ponte entre os sistemas atuais e os sistemas legados incompatíveis com integrações, e mais recentemente foi utilizada para extrair informações da camada visual das *webpages*.

Embora certamente existam vantagens do *screen scraping* sobre o trabalho manual, ainda era uma tecnologia que dependia muito do conhecimento técnico. Isso gerava dificuldade na hora de representar o processo de negócio de forma automatizada, sendo muitas vezes percebida como uma ferramenta de macros de telas e pouco vista de apoio ao negócio.

Por causa disso, muitas organizações sentiam a necessidade de uma tecnologia mais adaptável e versátil, que pudesse gerar soluções de forma mais visual, tendo relação direta com os processos de negócio.

Workflow automation e ferramentas de gestão de processos

O termo *workflow automation* (automação do fluxo de trabalho) é percebido e aplicado desde a década de 1920, durante a era da automação das indústrias. Porém, *workflow automation* tomou uma grande proporção e veio a ser mais frequentemente usado na década de 1990, justamente com o surgimento das ferramentas de automação robótica. O que antes só era percebido em aplicações mecânicas e industriais, nesse tempo passou a ser associado também à automação de processos administrativos, de escritório.

Workflow automation é o processo que inclui uma série de ações automatizadas (de forma mecânica, robótica ou por sistemas) que colaboram para a redução da utilização de mão de obra humana para realizar tarefas manuais. Essas ações têm como característica serem repetitivas para que seus passos sejam previsíveis. A automação do fluxo de trabalho usa regras de negócio para decidir quando uma etapa foi concluída e quando a execução da próxima pode ser iniciada.

Esse tipo de software elimina a necessidade de entrada manual de dados, além de conferir aos processos maior velocidade, eficiência e precisão.

Inteligência artificial (IA)

A inteligência artificial é a capacidade das máquinas ou robôs de software de realizar tarefas que tipicamente requerem inteligência humana para julgamento e decisões. A programação de IA é baseada em três técnicas: aprendizagem, raciocínio e autocorreção.

As vantagens da IA também geram retornos expressivos, incluindo maior eficiência e precisão nas tarefas, a liberação de trabalho manual para tarefas de maior valor agregado e a realização de grandes volumes de processamento, além da capacidade humana, em menor tempo.

A história da tecnologia RPA: do passado ao presente[5]

Ainda que cada uma dessas melhorias na tecnologia de automação que vimos até agora tenha sido algo grandioso e disruptivo, a implantação da automação robótica de processos e sua capacidade de combinar, refinar e reimaginar certos elementos de todas essas tecnologias é o que realmente faz da RPA uma plataforma tecnológica de grande impacto.

Como demonstramos no início deste capítulo, a RPA é composta de uma série de tecnologias, reunidas sob um conjunto de ferramentas a serem implantadas como e quando necessário para diferentes propósitos de automação.

Um dos primeiros passos para a inovação que eventualmente levaria à criação da RPA foi o aprendizado de máquina (*machine learning* – ML). É amplamente creditado

---

5 Referência: Javatpoint (s.d.).

que o nome foi cunhado pela primeira vez em 1959 por Arthur Samuel, um pioneiro no campo da inteligência artificial que na época trabalhava para a empresa de computadores IBM. O aprendizado de máquinas começou como um esforço científico com o objetivo de criar inteligência artificial. Arthur Samuel desenvolveu o *machine learning*, que permitiu aos computadores a realização de várias tarefas críticas, tais como tradução e sumarização de textos.

As explorações no aprendizado de máquina permitiram que computadores fizessem muitas coisas interessantes e úteis, como tarefas complexas, baseadas no idioma. Entretanto, havia limites em como os computadores podiam processar a linguagem. Isso levou ao desenvolvimento da tecnologia NLP (*Natural Language Processing* ou processamento de linguagem natural). Esse subcampo da ciência, que começou nos anos 60, combinou inteligência artificial com as interações entre computadores e linguagens humanas.

O foco principal da NLP era ajudar os computadores a entender e processar a linguagem humana com mais precisão. Os computadores não têm a mesma compreensão da linguagem natural que os humanos têm – por exemplo, eles não podem "ler nas entrelinhas" do que uma pessoa está dizendo e, portanto, a NLP é dedicada a melhorar isso. Aspectos tanto do aprendizado de máquina quanto do processamento de linguagem natural podem ser vistos na RPA de hoje, e à medida que a RPA cresce é provável que ela incorpore ainda mais aspectos desses dois desenvolvimentos.

Avançando rapidamente até os anos 90, e à medida que esse conjunto de tecnologias progrediu mais em direção ao estabelecimento da RPA, houve mais alguns desenvolvimentos cruciais. Em primeiro lugar, o software de raspagem de tela (*screen scraping*) deu grandes saltos para a criação da RPA. A tecnologia é usada para extrair dados de programas, *websites* e documentos, replicando a ação humana em interação com telas de sistemas, que é algo que a RPA utiliza muito. Os anos 90 também assistiram ao surgimento da tecnologia que mais se assemelha à RPA. Foi nessa década que as ferramentas de automação do fluxo de trabalho foram lançadas e a IA começou a surgir; tudo isso abriu o caminho para a Automação Robótica de Processos como vemos hoje.

Graças a esses desenvolvimentos, no início dos anos 2000 a RPA de primeira geração foi desenvolvida; entretanto, ela permaneceu relativamente desconhecida por algum tempo – só em 2015 é que a RPA começou a entrar no mercado. As versões básicas lançadas no início dos anos 90 foram úteis para automatizar tarefas repetitivas e testes automatizados, porém tinham seus limites para reproduzir processos de negócio, e a sua evolução era considerada inevitável.

Nesse mesmo período vimos a RPA assumir funções cognitivas, que permitiram absorver novas funcionalidades, como reconhecimento óptico de caracteres (OCR), processamento de linguagem natural (NLP) e aprendizado de máquinas, para lidar com dados semiestruturados e não estruturados, expandindo a eficiência da RPA para uma gama mais ampla de atividades empresariais. Esta é a RPA que conhecemos e utilizamos nos dias de hoje.

Transformando o presente em futuro[6]

O crescimento da robótica e dos sistemas de automação percorreu um longo caminho, e a RPA continua a mudar a maneira como as empresas abordam seus processos de negócio, particularmente no que diz respeito à escalada e à racionalização dos processos. A capacidade superior de automação robótica conferiu à RPA o pioneirismo de mercado, na busca pelos benefícios que proporciona e pela facilidade de obtê-los. Ainda assim, espera-se que o mercado de automação continue a evoluir ainda mais e que surjam soluções mais avançadas de RPA.

Como veremos no capítulo sobre hiperautomação, as tecnologias de *machine learning*, inteligência artificial e computação cognitiva, por exemplo, associadas à RPA, acabam por se tornar um robusto pacote de soluções capaz de tratar erros imprevistos e exceções em um processo de negócio, aprendendo e adaptando-se com base em experiências e ações anteriores, por exemplo. Ao contrário da automação convencional, elas têm a capacidade de replicar o julgamento e a criatividade humanas, o que permitirá às empresas obter melhor visibilidade, transparência, comunicação e colaboração através de sua cadeia de valor.

Apesar da alta velocidade com que a RPA tem sido implantada nas companhias, podemos afirmar que a evolução do *machine learning* e o avanço da inteligência das tecnologias acontecerão de forma ainda mais acelerada. Sem esquecer que a automação cognitiva já é, também, uma realidade nas empresas, tornando-se cada vez mais apurada e presente em soluções.

Sendo assim, do mesmo modo que a RPA já é capaz, por si só, de automatizar processos de negócio repetitivos, de alto volume e com decisões lógicas simples, a combinação da RPA com essas plataformas inteligentes logo poderá melhorar seu próprio desempenho e sua capacidade de tomar decisões complexas com baixo vo-

---

[6] Referência: Javatpoint (s.d.).

lume de intervenção ou programação, contribuindo assim para tornar as empresas mais ágeis e com menor tempo de resposta, um aspecto vital dos mercados cada vez mais globais e complexos de hoje.

O futuro já é agora![7]

Que a RPA influenciará de forma cada vez mais significativa (e positiva) na economia e na aceleração da transformação digital, disso já não temos mais dúvidas diante de tantas evidências. Em um estudo recente conduzido pela renomada consultoria de gestão McKinsey & Company (WELSH, 2019), a Automação Robótica de Processos (RPA) foi aclamada como o invento tecnológico de maior importância nos últimos tempos, com previsões estimando que as tecnologias de automação, incluindo a RPA, possam gerar um impacto financeiro de cerca de 6,7 trilhões de dólares até 2025. Também foi relatado que as empresas que adotam essa tecnologia têm o potencial de ver um retorno do investimento entre 30% e 200% só no primeiro ano.

Além dessas previsões financeiras, a RPA também conta com o potencial de revolucionar a forma como nos relacionamos com as tarefas de escritório e como serão definidos os cargos e funções nas empresas. Muitas posições de trabalho que conhecemos podem deixar de existir, enquanto outras novas surgirão. Por serem mais dependentes da ação humana, serão mais valorizadas e as pessoas realizarão tarefas de maior valor agregado.

Olhando para a evolução das ferramentas para desenvolvimento e gestão de RPA, vemos despontar a inovação dos fornecedores – e é claro que essa sede de avanço provavelmente continuará crescendo à medida que a tecnologia evoluir. Como resultado, podemos ver também cada vez mais as ferramentas de RPA agruparem um volume maior de soluções ainda mais integradas aos principais sistemas e plataformas de mercado; além de, naturalmente, movimentarem-se em direção à nuvem.

Adoção mais ampla da RPA

Os benefícios da RPA estão cada vez mais claros, o que é um forte atrativo para as empresas iniciarem sua jornada de automação. Entre 2019 e 2020, o impacto da RPA já se tornou significativamente maior. Ela começou a deixar de ser usada somente em

[7] Referência: Welsh (2019).

organizações multinacionais com grandes orçamentos para passar a ser implementada também em empresas nacionais, de pequeno e médio porte e de diversas indústrias. E seguimos percebendo essa evolução na adoção acelerada continuamente até os dias de hoje. Vale destacar também, como fator que fomentou a disseminação da RPA, a grande adoção da tecnologia por parte de empresas de consultorias (essas sendo pioneiras, em especial no mercado brasileiro) e BPO; com isso, é garantido que a tecnologia será utilizada por cada vez mais empresas para completar uma gama maior de processos.

Expansão para mais setores da indústria

A implantação e a confiança no uso da RPA se expandem para uma maior variedade de indústrias na mesma medida acelerada em que a RPA se torna mais conhecida, mais convencional e mais casos de sucesso são publicados. E quando falamos de mais indústrias, nos referimos a praticamente todas, independentemente do tamanho. É certo que aquelas que detêm maior poder financeiro iniciaram e avançaram mais rapidamente em sua jornada de automação, incluindo bancos, serviços financeiros e seguros, telefonia, manufatura, varejo, agronegócio e petróleo e gás.

Desenvolvimento das capacidades externas da RPA

Mais organizações começam a experimentar a RPA. Como resultado, muitas estão sendo encorajadas a testar as capacidades adicionais dos softwares de RPA; isso está fazendo com que o setor se prepare para inovações e novas aplicações vêm surgindo naturalmente. Como a RPA está atualmente focada nos processos internos das empresas, pensa-se que, à medida que a inovação ocorre, os desenvolvimentos provavelmente acontecerão no que a RPA pode fazer pelos processos externos, não só automatizando processos internos das empresas, mas também processos nos quais empresas interagem entre si.

A ascensão da RPA nos processos

Apesar da evolução das interações e integrações com ferramentas e tecnologias externas, a RPA segue mantendo seu foco central nos processos internos das empresas. Em um futuro próximo, a maioria dos processos informatizados será executada e gerenciada com a ajuda da RPA. Além disso, podemos somar a esses processos atividades como análise e interpretação de dados, que têm recebido grande atenção das empresas no que diz respeito à automação, visando cada vez mais tornar os processos capazes de produzir informações estruturadas.

Maior integração com outras ferramentas

Será cada vez mais comum ver a RPA sendo aplicada em conjunto com outras ferramentas de trabalho. À medida que as empresas aumentam a adoção da RPA em seus processos, torna-se mais clara sua capacidade de entregar melhores resultados quando integrada com outras ferramentas. Isso fará com que a RPA seja mais utilizada em conjunto com outras plataformas de gestão de processos, bem como diversos sistemas, aplicações e ERPs.

Maiores capacidades de IA

Inteligência artificial e RPA estão intrinsecamente ligadas através de sua história compartilhada. Portanto, não é de se espantar que a próxima fase da RPA esteja incluindo uma maior integração com IA, elevando a RPA de uma simples tecnologia baseada em regras para uma robusta tecnologia de automação de processos em vários níveis.

Hiperautomação

Como veremos em próximos capítulos, a hiperautomação é saudada como a próxima (porém já atual) encarnação da RPA. Enquanto a RPA implantada na maioria das organizações hoje necessita de um esforço adicional para automatizar dados não estruturados, a hiperautomação combinará aprendizado de máquinas, grandes volumes de dados, IA e processamento em nuvem para extrair dados de fontes não estruturadas e processá-los contextualmente com um conjunto de regras muito mais inteligente.

4. Digitização, digitalização e transformação digital

Rafael M. Bastos

Quando falamos de transformação digital (TD) criamos uma associação quase que instantânea com o mundo de tecnologia e criamos uma cobrança que às vezes pode ser a causa de muitas frustrações em processos transformacionais.

Antes de entrar no mundo da TD, precisamos compreender que o processo de transformação está relacionado a uma jornada e não apenas a uma ação ou movimento estratégico; precisamos compreender que para alcançar esse patamar muitas coisas precisam ser feitas, e as ações vão além de usar uma nuvem para armazenar arquivos.

A **jornada da transformação digital** tem como base dois grandes blocos, digitização e digitalização. Vamos entender cada etapa e os valores agregados.

Digitização

Digitização (em inglês, *digitization*), de acordo com o glossário da Gartner (GARTNER GLOSSARY, s.d.), "é o processo de mudança do mundo analógico para o digital, conhecido também como "ativação digital". Esse processo tem como objetivo alterar a forma como a informação é criada.

O esforço em digitizar informações não é de agora; há muitos anos o mundo vem aplicando esse conceito de forma massiva e presente em nossas vidas, seja na conversão de discos de vinil em CD, máquina de escrever em computadores, blocos de nota em documentos digitais etc.

Por que esta etapa é importante

Nesta etapa ocorre toda a conversão de dados analógicos para o mundo digital, habilitando iniciativas e projetos de digitalização. Qualquer iniciativa que tente evoluir para o mundo digital sem ao menos converter informações que estão no mundo analógico será dependente de um ser humano.

Os principais fatores críticos de sucesso de uma jornada da transformação digital são eficiência, ganho de escala da operação, redução de horas extras e melhores condições de trabalho para todos os funcionários.

Iniciativas de digitização mal conduzidas, mal planejadas e sem foco na entrega impossibilitam automaticamente qualquer estratégia relacionada à digitalização de um setor. Vale refletir que sem informações digitais não há digitalização de nenhum tipo de trabalho, por isso esta etapa é a porta de entrada. Algumas ações, como estudar causa-raiz e identificar processos E2E (*End-to-End*), suportarão iniciativas que você pretende resolver com a digitalização. A importância de se executar uma boa fase de digitização é a garantia de sucesso para habilitação de projetos de digitalização.

Quando executar o processo de digitização

A digitização deve ocorrer na origem da informação, dessa forma garantindo que todo dado tenha como principal entrada a forma digital. Um exemplo muito comum nesta etapa é referente a atividades como conferência, registros, solicitações etc. Se você estiver diante de uma atividade cujo processo é 100% manual, com taxa de erro alta, grande volume transacional e um trabalho que você sabe que poderia ser feito diferente com o apoio de tecnologia, é essa a oportunidade para iniciar a jornada.

Como digitizar um processo

O primeiro e mais importante é reconhecer a raiz da informação; para isso, conversas e análise do processo suportarão o seu trabalho. Uma vez tendo identificado a fonte, você deve avançar no âmbito educacional e cultural do trabalho, reunindo todas as pessoas que fazem parte do processo e compreendendo os pontos positivos e negativos da forma como é executado (modelo *as-is*).

Uma vez tendo o conhecimento da execução, é importante compreender como esse processo está vinculado aos macroprocessos organizacionais e procurar oportunidades dentro de um macroprocesso para que a alteração da fonte de entrada possa beneficiar outras ações além da inicial de que se tinha conhecimento.

Exemplos de ações simples que podem gerar um impacto positivo na sua jornada

Case: conferência de estoque por filial

"A empresa Dyt, com sede na cidade do Rio de Janeiro, possui quatro filiais espalhadas pela cidade: Barra da Tijuca, Centro, Copacabana e Ipanema. Toda a conferência é realizada de forma manual através de um documento padronizado entre as filiais. Ao término do dia, o fiscal central tem o trabalho de recolher e consolidar as informações gerenciais."

No caso citado, fica claro que todo o trabalho é manual, descentralizado e com risco de erro. Uma ação que poderia mudar a forma da geração da informação seria a aplicação de um formulário digital, com campos padronizados, onde cada conferente de cada filial colocaria apenas os dados. Dessa forma, em vez do preenchimento de uma folha de papel, os dados estariam em formato digital. Avançando um pouco mais sobre os benefícios deste exemplo, o fiscal central, em vez de ter que pegar cada folha de filial e consolidar tudo isso em um outro local, teria todas as respostas que foram preenchidas no formulário em uma planilha, um banco de dados ou qualquer outra solução de armazenamento. Perceba que, muito além da tecnologia que seria usada, estamos falando de comportamentos, experiências e velocidade na forma como geração da informação.

Digitizar é mais importante do que digitalizar, pois, se você não tiver dados digitais, toda ação com foco na digitalização se torna obsoleta.

Digitalização

Digitalização (em inglês, *digitalization*), de acordo com o glossário do Gartner (GARTNER GLOSSARY, s.d.) "é o uso de tecnologias digitais que podem mudar um modelo de negócios e fornecer novas receitas e oportunidades de produção de valor; é o processo de mudança que torna um negócio digital".

Em outras palavras, digitalização é a realização das atividades do seu negócio sem a utilização de papel. Quando olhamos para a jornada da transformação digital, compreendemos que nesse segundo momento estamos trabalhando com informações com origem digital, sendo muito mais favorável executar trabalhos que possam impulsionar as operações.

Por que esta etapa é importante

Gerar resultados que exemplificam a importância de ter cada vez mais o seu ambiente digitalizado impulsiona um novo modelo de relações com a tecnologia e a forma como interagimos com ela. Certamente um dos principais fatores para a alavancagem da digitalização em organizações de todos os portes se deu pelo uso e avanço de tecnologias como RPA e *chatbot*, além da facilidade de criar integrações entre sistemas com uso de API e do aumento das camadas de proteção de dados.

A digitalização está presente até na maneira pela qual muitas empresas e a sociedade se moldaram na geração e na guarda das informações. Mas o ponto central de discussões acadêmicas e comerciais é o fato de que o cenário da digitalização vem mudando a forma como os negócios são feitos. Criar e operar um novo negócio em um cenário digital é completamente diferente da forma como era feito antes. Lojas são criadas através de cliques, salas de aulas cada vez mais vazias, porém com universidades crescendo no seu quadro de alunos virtuais, áreas de atendimento sem ter um atendente, porém conversas inteligentes sem ter um especialista humano por trás.

Quando executar o processo de digitalização

Iniciativas de digitalização devem ocorrer sempre olhando para a cadeia de valor da organização, para compreender melhor como ela gera valor. Como consequência, exercícios para identificar e mapear macroprocessos suportam um melhor entendimento sobre as oportunidades.

Quando falamos em iniciativas, é comum esbarrar com ações descentralizadas e muitas vezes concorrentes das iniciativas globais. A visão do macroprocesso apoia e suporta a tomada de decisões para que a organização coloque esforço na geração de valor centralizada.

Dessa forma, quando tiver conhecimento dessas informações, a identificação e conversão de sinergia para projetos de digitalização se tornarão cada vez mais fáceis. A digitalização não tem um lugar certo para ser aplicada – na verdade, em toda organização ou até mesmo em nível de sociedade podemos ter ações de digitalização. O simples fato de você transformar o jeito como você lida com os dados, mudar como esses dados são processados e os resultados que são obtidos, faz parte do processo de digitalização.

Ações como criar um formulário digital onde o usuário pode anexar documentos importantes e ter um fluxo automatizado suportado por diversas ferramentas, potencializam as ações como transformar as informações que foram anexadas em dados úteis ou digitalizar um atendimento. São diversos resultados atrelados a esse processo, mas os principais que são perseguidos por boa parte dos gestores estão relacionados ao aumento da produtividade, à redução dos custos e até a preparar o seu processo para uma automação.

Transformação digital

Antes de entrar neste ponto que fala restritamente da transformação digital, precisamos compreender que não se trata apenas de um processo, projeto, programa ou uma iniciativa estratégica. Quando usamos a palavra "digital", automaticamente a relacionamos à tecnologia, sendo que a transformação está mais para o lado das pessoas e processos do que somente o lado da tecnologia.

Empresas que executam seus negócios de forma digital, ou estão caminhando para melhorar a experiência de entregar seus produtos e serviços nesse mundo, muitas vezes declaram que estão fazendo a transformação digital em suas empresas, sendo que várias avançam radicalmente na tecnologia e esquecem de todo o resto. Melhoram sistemas, criam interfaces mais amigáveis, criam centrais de atendimento remoto e muitas vezes com uma certa programação de *scripts* por meio de *chatbots*. Mas é um erro seguir digitalizando e deixar para trás quem de fato trabalhou para a empresa chegar ao patamar em que ela está.

Tudo que temos hoje foi feito, planejado e executado por pessoas. Por isso a transformação digital não é apenas um projeto; é uma estratégia de negócio para que seus processos, suas pessoas e seus resultados tenham a tecnologia como uma alavanca competitiva, e não apenas como um componente operacional.

Todo esse trabalho que busca a transformação deve levar em consideração diversos aspectos, sendo o comportamento um dos fatores críticos para o sucesso. Imagine sua empresa implementando as melhores tecnologias, realizando grandes investimentos em projetos de digitalização, mas em nenhum momento levando em consideração a operação de fato dos processos, as pessoas que estão em volta da operação. Dependendo do comportamento do público afetado, seja ele um colaborador ou um cliente externo, todo o esforço e o investimento podem se tornar obsoletos pelo simples fato de não ter as pessoas e os processos preparados para tais resultados.

As iniciativas devem incluir vários projetos além da digitalização; elas precisam olhar principalmente para a cultura e os processos. Se uma empresa busca na sua visão ser uma empresa orientada a dados, não basta apenas tratar todos os seus sistemas, criar um *data lake* e dizer que foi transformada. Os executivos que acreditam que não há nada mais para fazer além da digitalização estão cometendo um profundo erro estratégico.

Uma estratégia transformadora precisa ter em mente que, durante toda a jornada, passando pelos dois grandes pilares, trabalhamos e buscamos cada vez mais digitizar informações, o máximo que for possível, trabalhar para digitalizar processos e funções que compõem uma operação, buscando cada vez mais eficiência, ganho de escala e redução de erros humanos. E tudo isso de olho na experiência do usuário (seja ele um usuário interno ou um cliente externo), para entregar cada vez mais rápido resultado, valor e experiência. O mais importante é ter em mente que digitização e digitalização precisam da tecnologia, mas a transformação digital não. A transformação digital fala sobre pessoas e processos que foram transformados pela tecnologia.

Um pedido para você que seguirá nos próximos capítulos e descobrirá diversas formas de digitalizar sua empresa através da automação de processos: evolua, transforme, mas nunca deixe ninguém para trás. Faça a transformação na vida das pessoas que sempre suportaram os processos que geram valor para o seu negócio.

5. O que é RPA?

Rafael Ferreira Bittencourt
Kelly Sganderla
Marcelo Henrique Machado

A Automação Robótica de Processos (em inglês, *Robotic Process Automation* – RPA) é uma tecnologia de software de computador utilizada para automatizar tarefas. Por meio da RPA, é possível criar robôs de software para executar processos de negócios do início ao fim baseados em regras que simulam as ações humanas rotineiras em um computador.

Os robôs de RPA têm a capacidade de interagir com sistemas, manipular dados, enviar e receber notificações de e-mails e trabalhar de modo ininterrupto, com melhor desempenho. A Figura 5.1 demonstra algumas dessas ações (UIPATH, s.d.). Os robôs são uma força de trabalho digital que ajuda a aprimorar as rotinas de trabalho e auxilia os humanos a aumentar a produtividade e a criatividade.

Processos manuais que normalmente demoram dias ou semanas acabam sendo executados pela RPA muito mais rapidamente, com redução de custos e um alto retorno sobre investimento (ROI). Isso tem aumentado a competitividade das empresas frente aos seus concorrentes e instigado mais e mais empresas a conhecer essa tecnologia.

Devido à automação dos processos e à redução das tarefas repetitivas, operacionais, mecânicas, os usuários conseguem dedicar seu tempo para executar atividades que entregam mais valor, que necessitam de uma visão analítica, bem como passam a contribuir para a inovação para o negócio. Essa otimização sem sombra de dúvidas eleva o nível de gestão da empresa e aumenta a capacidade de monitoramento.

Com ferramentas de RPA é possível criar robôs para atender a vários cenários, dos mais diversos setores, desde a simples cópia de dados de um formulário *web* até a implantação de vários robôs para atender a várias frentes de trabalho simultaneamente para resolução de problemas.

A configuração dos robôs se dá por meio de etapas visuais em um ambiente amigável ao usuário, com recurso de arrastar e soltar. Isso dispensa a programação através de linhas de código. Dessa forma, a curva de aprendizado de uma pessoa reduz drasticamente e não há necessidade de conhecimento prévio em diversas linguagens de codificação.

Por fim, de acordo com Figurelli (2017, p. 54), "RPA é apenas o começo de um ciclo sem fim de criatividade, inovação e evolução, de humanos e robôs", pois é uma tecnologia que está em constante mudança e que veio para ficar.

Logar-se em qualquer aplicativo	Conectar as APIs do sistema	Copiar e colar dados
Mover arquivos e pastas	Extrair e processar conteúdo estruturado e semiestruturado de documentos, PDFs, e-mails e formulários	Ler e escrever em bancos de dados
Abrir e-mails e anexos	Extrair dados da *web*	Fazer cálculos

Figura 5.1. Algumas das ações que os robôs de RPA são capazes de fazer.
Fonte: traduzido e adaptado de UiPath (s.d.).

Parece... mas não é

A automatização de processos em si não é algo novo no mundo da tecnologia ou dos negócios. Desde que os primeiros computadores foram instalados nas empresas, as organizações têm buscado formas de substituir a operação humana por operações automáticas. De lá para cá, diversas tecnologias já foram desenvolvidas para automatizar processos.

Quando somos introduzidos a uma nova tecnologia, é natural buscarmos paralelos com outros tipos de soluções que poderiam ter aplicações parecidas. Assim, aproveitamos para esclarecer aqui o que pode até parecer, mas não é RPA.

RPA não é o mesmo que teste automatizado

Talvez esta seja a primeira relação mental que você venha a fazer, especialmente se você for um profissional de tecnologia.

As aplicações de teste automatizado são desenvolvidas para apoiar o processo de qualidade de software, incluindo testes funcionais e de carga/estresse em funcionalidades de sistemas, e produzir relatórios com base nos testes executados. Normalmente fazem parte de plataformas de qualidade de software, que incluem funcionalidades para planejamento de testes, gerenciamento de casos de teste e gestão de defeitos (GARTNER GLOSSARY, s.d.).

Embora ambas atuem no mesmo nível de processo (a atividade operacional nos sistemas) e o modo de implementar e executar as ações seja bastante semelhante, seus propósitos são distintos. Enquanto RPA visa obter ganho de eficiência em escala ao automatizar uma sequência de passos de um processo em ambientes produtivos, os testes buscam automatizar processos da forma mais realista possível para identificar onde um aplicativo irá falhar, possibilitando a tomada de decisão informada sobre a qualidade de uma solução de software.

Com isso, os recursos de acionamento, monitoramento e verificação de resultados são diferentes. A aplicação de teste de software não nos possibilitará o monitoramento remoto e os controles de saúde da operação dos robôs que temos com RPA, assim como RPA não nos dará a resiliência necessária para executar um mesmo processo em ambientes com funcionalidades incompletas e em construção progressiva, nem as ferramentas e os indicadores necessários para o controle de qualidade de software esperados de uma suíte de teste automatizado.

RPA não é o mesmo que macro ou linguagem de *script*

Macros são funcionalidades de programação simplificada disponibilizadas por uma aplicação, como uma planilha eletrônica ou um ERP. As macros permitem programar sequências de ações que apoiam a execução de passos de uma tarefa específica, o que ajuda a simplificar o processamento de tarefas repetitivas. Em geral, possuem uma linguagem proprietária da ferramenta e suas capacidades de interação estão limitadas a executar sequências de operações na própria ferramenta ou nas ferramentas que compõem uma suíte.

De forma semelhante, os *scripts* são sequências de código em uma linguagem programável que podem acionar um conjunto de ações. São diferentes das tradicionais linguagens de programação porque são interpretadas, e não compiladas em um executável (o executável é a linguagem de *script* transformada em linguagem de baixo nível de computador).

JavaScript, por exemplo, permite realizar diversas operações sobre elementos de memória e da tela que está no navegador de internet. Pode-se usar o JavaScript para somar vários campos de uma tela, transformar dados e transportar informações de um campo para outro. Mas sua execução está limitada a operações no navegador.

Outro exemplo são os *scripts* de banco de dados. É possível com eles definir uma sequência de ações que adicionem dados em uma tabela, transportem dados de uma tabela para outra, façam cálculos etc. Mas sua execução está limitada a operações no banco de dados.

As soluções de robotização funcionam operando virtualmente qualquer aplicação executada no computador. Isso permite realizar ações mais complexas, como ler e-mails, identificar as partes do e-mail que possuem conteúdos relevantes, cadastrar os dados do e-mail em uma aplicação, gerar uma carta de confirmação de leitura, adicionar uma assinatura, transformá-lo em PDF, registrá-lo em algum site, fazer *login* em diferentes sites, realizar consultas de dados e atualizar o cadastro – só para citar um exemplo.

A grande vantagem da RPA (*Robotic Process Automation*) é oferecer uma forma melhor de executar as tarefas e poder agir com autonomia. É capaz de operar comandos de teclado e mouse, processar informações na memória e acionar e operar praticamente qualquer aplicativo de um computador – literalmente controlando a estação de trabalho da mesma forma que uma pessoa poderia fazer.

RPA não é o mesmo que ERP

Enterprise Resource Planning (ERP) é uma suíte integrada de aplicações de negócio cujos módulos compartilham um modelo comum de dados, cobrindo processos operacionais completos e amplos, como os das áreas de finanças, RH, distribuição, manufatura, serviços e cadeia de suprimentos. Os aplicativos de um ERP automatizam e dão suporte a uma variedade de processos administrativos e operacionais de negócios em vários setores (GARTNER GLOSSARY, s.d.).

Entretanto, apesar de possuir funções automáticas para controlar os diferentes processos da operação da empresa, o ERP requer que operações sejam realizadas por pessoas, especialmente na transferência de dados de outros sistemas que não fazem parte da infraestrutura tecnológica da empresa e nas diversas interfaces do negócio com clientes, fornecedores e governo.

Em relação ao ERP, o propósito da RPA não é gerenciar as informações dos processos operacionais da empresa, mas ela pode colaborar com essa tecnologia ao incluir ou extrair dados do ERP e processar as informações de forma automática no lugar das pessoas.

RPA não é o mesmo que BPMS

Business Process Management Suites (BPMS) são as principais aplicações de software para apoiar projetos e programas de gerenciamento de processos de negócio (BPM). Um BPMS oferece suporte a todo o ciclo de vida de melhoria do processo – desde a descoberta, definição e design do processo até a implementação, o monitoramento e a análise por meio da otimização contínua. Sua abordagem orientada por modelos permite que profissionais de negócios e de TI trabalhem juntos de forma colaborativa (GARTNER GLOSSARY, s.d.). Como resultado, temos a automatização de processos de trabalho, que orquestram a sequência de atividades entre os diferentes participantes – sejam pessoas ou sistemas – para produzir um determinado resultado da atividade do negócio.

De forma diferente dos processos orquestrados no BPMS, os processos operacionalizados com RPA têm foco na execução do processo em um nível de granularidade mais operacional, possibilitando que partes ou atividades inteiras de um processo de trabalho que seriam executadas por um determinado grupo de pessoas possam ser substituídas pelo mesmo trabalho executado pelo robô.

RPA não é o mesmo que BI

As plataformas de *Business Intelligence* (BI) permitem que as empresas criem aplicativos para análise e tomada de decisão. Essas soluções oferecem recursos em três categorias: análise, entrega de informações através de relatórios (como painéis de visualização) e integração de plataforma (integração de dados de diferentes sistemas). Com isso, habilita a organização a acessar e analisar a informação de forma a apoiar a tomada de decisões e a otimização do desempenho do negócio (GARTNER GLOSSARY, s.d.).

RPA é um robô de software que executa tarefas e manipula dados estruturados, podendo atuar na coleta de dados em diferentes fontes internas e externas da organização e no tratamento de dados para alimentar a base de informações requeridas pelo *Business Intelligence*.

RPA não é o mesmo que IA

Existem diferentes conceitos para inteligência artificial – algumas mais específicas e outras mais abrangentes. De acordo com a Gartner, a inteligência artificial (IA) aplica análise e técnicas baseadas em lógica, incluindo aprendizado de máquina, para interpretar eventos, apoiar e automatizar decisões e realizar ações (GARTNER GLOSSARY, s.d.).

Embora RPA envolva um certo tipo de "treinamento" para aprender uma atividade e apresente alguma semelhança com os algoritmos de IA baseados em regras do tipo *if-then-else*, o robô de software limita-se a imitar as ações de um operador humano na execução de uma tarefa. Dessa forma, após o processo de "aprendizado", o robô garante que seguirá sempre estritamente a mesma sequência de passos para executar o trabalho.

Você verá na Parte V deste livro como RPA pode se integrar a algumas dessas tecnologias na composição do trabalhador digital.

Tipos de RPA

Há dois tipos de robôs dentro da RPA: os robôs assistidos e os robôs não assistidos.

Robôs assistidos

Os robôs assistidos são usualmente implementados nas estações de trabalho dos usuários, sendo o processo executado de forma colaborativa entre robô e usuário. Após o término da tarefa do robô, este devolve o comando para o usuário, cada um cumprindo o papel determinado na implementação do processo (COL, 2017).

Para exemplificar, vamos utilizar um processo de conciliação bancária. Nesse caso, o robô realizará as tarefas como se fosse um usuário comum, possuindo as mesmas permissões que o usuário que realizava o processo anteriormente.

Nesse cenário o usuário inicia o processo de conciliação bancária, sendo o robô responsável por realizar a criação de remessas de envio ao banco, o recebimento das remessas de retorno, importá-las para o ERP e enviar a confirmação ao gestor financeiro. Porém, em alguns momentos, podem ocorrer divergências e solicitações de senhas bancárias nesse processo – nesse caso, o robô solicitará ao usuário que intervenha e realize a ação necessária para continuidade do processo. O robô seria então, nesse exemplo, um assistente de execução das tarefas do usuário, deixando-o livre para focar nas tarefas com maior valor para a organização.

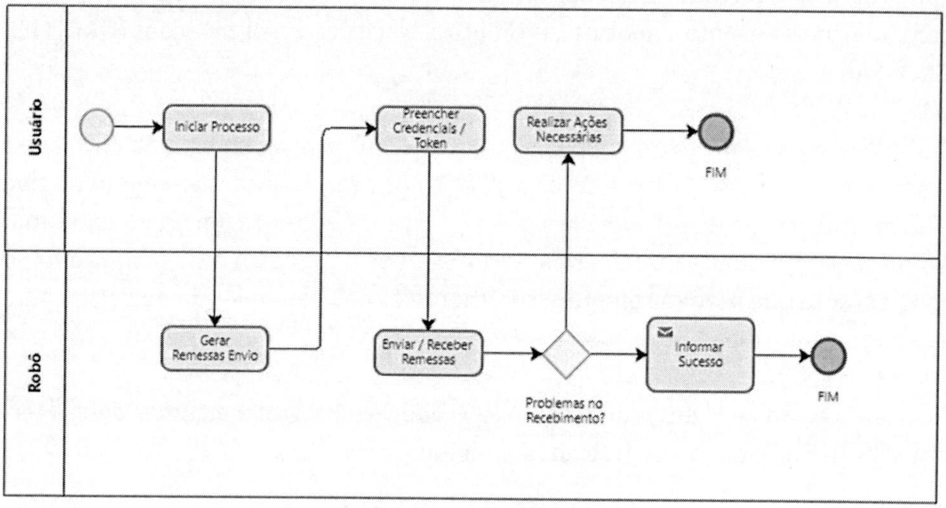

Figura 5.2. Robôs assistidos.
Fonte: os autores.

Robôs não assistidos

Os robôs não assistidos são hospedados em servidores, pois o usuário não participa da execução das tarefas, apenas realiza os controles para verificar se o robô está executando todas as tarefas corretamente. Os processos possuem gatilhos que, quando acionados, iniciam as tarefas.

Este tipo de robô pode ser utilizado para realizar as atividades operacionais de *backoffice* da organização, operando 24 horas durante os sete dias da semana (MULLAKARA; ASOKAN, 2020, p. 8-9). Rodando processos bem estruturados, conseguem garantir grande tráfego de dados.

Como exemplo deste tipo de robô, será utilizado um processo de contratação. O usuário apenas realizaria o *input* da documentação digitalizada do novo colaborador.

Após a finalização das digitalizações, o robô inicia o processo de reconhecimento de texto em imagens (OCR) extraindo as informações e introduzindo os dados no sistema de gestão da organização, realizando a criação de usuários no ERP, e-mail, *intranet*, *Active Directory* etc.

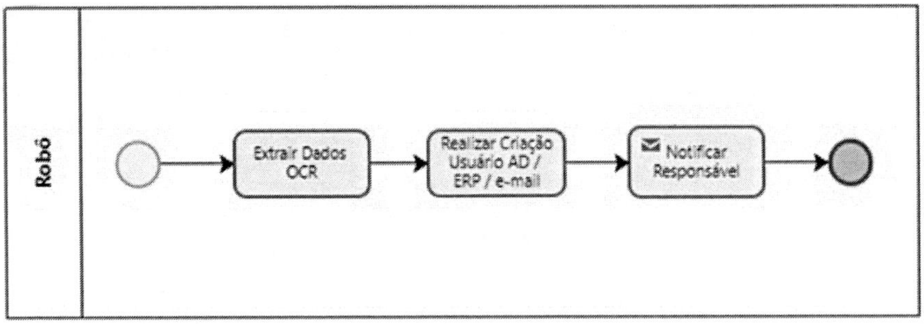

Figura 5.3. Robôs não assistidos.
Fonte: os autores.

Nesse cenário o usuário apenas iria receber a confirmação do fim do processo. O restante dos trâmites realizados anteriormente pelo analista de recursos humanos seria agora assumido pelo robô não assistido.

6. RPA e a transformação digital

Marcelo de Carvalho
Ana Cláudia Rodrigues
Fernando Hannaka

Conforme destacado no Capítulo 4, a transformação digital de uma empresa é o resultado de uma estratégia organizacional que não está relacionada somente à tecnologia, mas também a pessoas e processos. Por outro lado, a cultura organizacional é responsável por reunir hábitos, comportamentos, crenças, valores éticos e morais, além de políticas internas e externas de uma empresa.

Nesse sentido, pode-se afirmar que a cultura organizacional influencia diretamente a estratégia de uma empresa e, por consequência, todo e qualquer processo de transformação que venha a ser conduzido.

No caso da transformação digital, há que se ter ainda mais atenção. A mudança advinda desse processo é profunda e requer uma nova forma de pensar e agir, o famoso *mindset* digital. Esse aspecto está diretamente relacionado às pessoas, que são o pilar principal da transformação digital.

Dependendo da cultura vigente na empresa, vários aspectos devem ser trabalhados antes de implantar as mudanças tecnológicas. Nesse sentido, é de suma importância a atuação da área de gestão de pessoas para apoiar o processo de mudança organizacional. Uma boa prática é que esse processo seja conduzido por esta área, uma vez que todos devem ser atingidos, alguns de forma menos direta, outros com grande impacto em suas atividades laborais.

Por outro lado, os executivos estão ansiosos pela transformação da empresa. A transformação digital é a *buzzword* do momento, todos querem a qualquer custo e no menor tempo. Mas os responsáveis pela condução do processo de transformação devem estar atentos a todos os impactos na organização para que sejam obtidos os melhores resultados com a mudança.

Além das pessoas, as tecnologias habilitadoras da transformação digital impõem um grande desafio à área de tecnologia da informação, historicamente responsável por definir como uma nova tecnologia deve ser internalizada na organização. A TI vem sendo desafiada a entregar resultados no *timing* que as iniciativas de transformação digital requerem, com muita rapidez e grande entrega de valor.

Nesse contexto, a RPA se coloca como uma das principais maneiras de aumentar o nível de digitalização de qualquer empresa. Ela se destaca como a tecnologia que visa atender ao anseio pela transformação digital devido, justamente, à sua capacidade de automatizar tarefas repetitivas em diversas áreas.

A automação, na "esteira" da transformação digital, é uma excelente alternativa para alavancar a eficiência das empresas, ao agregar valor às entregas para seus clientes por meio da integração de soluções tecnológicas e inovadoras. Uma boa implementação de uma RPA promove um grande impacto positivo na produtividade e promove a evolução do negócio.

Não se trata apenas de criar produtos digitais na empresa, mas de substituir atividades operacionais de baixo valor agregado por trabalhadores digitais. Isso significa, como já foi descrito, redução de custos, embora os benefícios vão muito além disso.

Segundo a Gartner, em seu artigo "8 Approaches for Digital Business Optimization" (ANDERSON; LEHONG; PROCTOR, 2020), quase metade (42%) dos CEOs apontam que sua ambição digital está diretamente ligada à otimização do negócio. Esse mesmo artigo também destaca a melhoria da força de trabalho como uma das oito iniciativas para a otimização de negócios digitais. Nessa iniciativa, busca-se o aumento de produtividade sem que isso se reflita no aumento do número de funcionários. Nesse aspecto, RPA se destaca, junto com inteligência artificial (IA), como as tecnologias mais promissoras para se atingir essa melhoria.

É fácil entender quando experimentamos a tecnologia. Ela é de implementação muito rápida e não é invasiva. Os ganhos de produtividade e redução de custos são percebidos imediatamente, com alto retorno sobre o investimento (ROI) em pouco tempo (*payback*). Os robôs trabalham 24 horas por dia e 7 dias por semana interagindo com diversos sistemas de tecnologias diversas. Soluções RPA possuem processos de auditoria e *compliance*, conferindo a segurança necessária às automações.

É uma tecnologia extremamente pervasiva na cultura organizacional das empresas, uma vez que, em última análise, propõe que um robô de software possa assumir as atividades realizadas por uma pessoa – no caso, um colaborador de uma empresa –, porém com um grande diferencial: esse robô não será influenciado pela cultura organizacional estabelecida.

Outro importante aspecto a considerar é que, de maneira geral, a adoção da RPA nas organizações se inicia da necessidade de automatizar tarefas operacionais manuais e repetitivas, criando a falsa impressão de que essa tecnologia serve como um "remendo" no nível operacional para eventuais lacunas deixadas pelos times de TI. No entanto, a combinação do uso dessa tecnologia com outras, como inteligência artificial, aprendizado de máquina, ferramentas de fluxo de trabalho inteligentes e assistentes digitais, gera enorme valor e impulsiona a transformação digital.

Nesse sentido, RPA pode ser a catalisadora para uma mudança maior, como parte de uma estratégia de transformação digital mais ampla, do que simplesmente uma ferramenta de automação simples ou uma solução de curto prazo.

PARTE II.
RPA, RPA 2.0 E HIPERAUTOMAÇÃO

7. Da automação para a hiperautomação: onde estamos e para onde vamos

Kelly Sganderla
Lucia Rakauskas

Os anos pré-2020 foram o grande *hype* da RPA.

Em 2018, a Gartner apontava que mais da metade das organizações de porte global com mais de 10 mil funcionários já havia implantado RPA (GRAHAM; VILLA; TORNBOHM, 2018), subindo para 87% no ano seguinte (APPLICATIONS RESEARCH TEAM, 2019).

Em uma pesquisa realizada pela Deloitte (HORTON, 2015), lideranças de mais de 450 organizações pesquisadas apontaram como principais motivadores para a adoção de RPA o potencial crescimento da produtividade, aumentando a capacidade de entrega da sua equipe, o custo de implementação, que em geral se demonstra muito mais interessante do que os custos de desenvolvimento de novos recursos ou complexas integrações sistêmicas, e também a oportunidade de aumentar a aderência com as políticas de *compliance*, uma vez que os robôs seguem sempre o modo de operação definido e em alguns casos exigem também um maior esforço dos profissionais em seguir os processos estabelecidos.

A mesma pesquisa também revelou que em 80% das organizações foi identificado um aumento da satisfação dos funcionários que antes executavam as tarefas, o que sinaliza que o temor da substituição das pessoas pelos robôs era menos significativo do que antecipado por muitas organizações.

Mesmo com esse cenário estimulante e elevadas expectativas, as organizações que iniciaram a jornada para a transformação digital do trabalho têm encontrado diversas barreiras para escalar a automação. O relatório da Deloitte apontou que as implementações de RPA nas organizações vinham crescendo apenas 1% ao ano, indo de 3% para 4% em 12 meses.

Segundo a Gartner (STOUDT-HANSEN et al., 2019), as organizações frequentemente subestimam a complexidade das iniciativas de RPA. Apesar do software ser relativamente simples, há uma grande variedade de processos de negócios – desde tarefas extremamente simples e bem definidas a atividades complexas, intensivas em conhecimento especializado e com muitas exceções. Quando as organizações desejam avançar além dos processos simples, surge uma necessidade crítica de governança e coordenação entre negócios, TI, segurança da informação e qualidade. Sem uma abordagem abrangente, muitas organizações acabam desapontadas com o baixo ROI (retorno de investimento), recursos desalinhados, uso isolado e incapacidade de escalar.

Para a próxima década, a Gartner prevê que RPA se desenvolverá para soluções ainda mais robustas e se integrará a outras tecnologias de automação de processos e transformação digital, possibilitando às organizações alcançarem automações mais ambiciosas. Essas projeções são apresentadas no relatório "Top 10 Strategic Technology Trends for 2020", no qual os analistas da Gartner apresentam cenários de tecnologia com um potencial significativo para criar e responder às disrupções dos negócios e da sociedade e impulsionar as iniciativas de transformação e otimização (CEARLEY et al., 2019).

Naturalmente, o avanço da inteligência artificial (IA), somado ao aumento da capacidade de armazenamento e processamento computacional e à virtualização dos ambientes tecnológicos, se tornou um catalisador fundamental para possibilitar a automação avançada de processos e o aprimoramento do envolvimento humano nos negócios, o que nos levará a um estado de **hiperautomação**.

De acordo com a Gartner (CEARLEY et al., 2019), a hiperautomação é um processo no qual as empresas buscam automatizar todos os processos de negócios possíveis usando ferramentas como inteligência artificial, aprendizado de máquina, software orientado a eventos, automação de processos robóticos (RPA) e outros tipos de mecanismos de decisão e ferramentas de automação de tarefas.

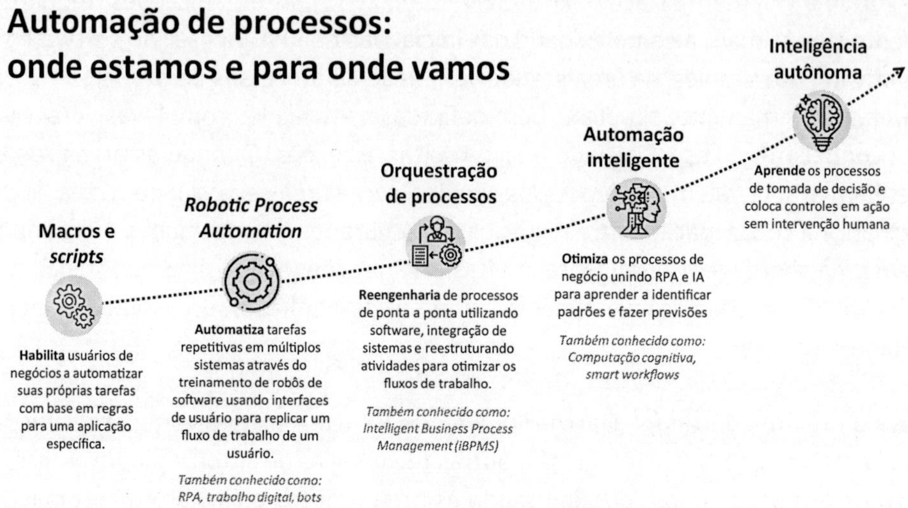

Figura 7.1. Como a automação de negócios deve evoluir.
Fonte: o autor.

A hiperautomação não é um produto, e sim o conceito de que todo o trabalho realizado por pessoas, sistemas e robôs precisa ser orquestrado e gerenciado, atingindo sua melhor otimização para entregar valor ao cliente. Mais do que isso, é utilizar as informações, que vão da descoberta dos processos à análise do seu desempenho, para produzir *insights*, prevendo e prescrevendo oportunidades contínuas de melhoria e inovação do negócio com o apoio de inteligência artificial. Assim, a hiperautomação não se refere apenas à amplitude do *kit* de ferramentas, mas também a todas as etapas da própria esteira de automação (descobrir, analisar, projetar, automatizar, medir, monitorar, reavaliar).

No relatório "Top Strategic Technology Trends for 2021" da Gartner, a hiperautomação aparece como parte do tema "Entrega Resiliente". Brian Burke, *Research Vice President* da Gartner, afirma que "hiperautomação é irreversível e inevitável. Tudo o que pode e deve ser automatizado será automatizado" (BURKE, 2020).

A hiperautomação é impulsionada por organizações que possuem processos de negócios legados que não são simplificados, criando problemas imensamente caros e extensos. Muitas delas são apoiadas por uma "colcha de retalhos" de tecnologias que não são enxutas, otimizadas, conectadas, limpas ou explícitas. Ao mesmo tempo, a aceleração dos negócios digitais exige eficiência, rapidez e democratização. Com a hiperautomação, as empresas que não se concentrarem em eficiência, eficácia e agilidade de negócios serão deixadas para trás.

Process mining

O *process mining* funciona extraindo conhecimento através de *logs* de eventos prontamente disponíveis dos mais diferentes sistemas de informação a fim de possibilitar que visualizemos os processos de negócios (e todas as suas variações) como realmente são.

O termo *process mining* foi cunhado pela primeira vez em uma proposta de pesquisa escrita pelo cientista da computação holandês Wil van der Aalst. Assim, começou um novo campo de pesquisa que surgiu sob o guarda-chuva de técnicas relacionadas à ciência de dados e ciência de processos na Universidade de Eindhoven, em 1999. No início, as técnicas de mineração de processos eram frequentemente complicadas e limitadas. No ano de 2000, foi desenvolvido o primeiro algoritmo de aplicação prática para descoberta de processos, o Alpha Miner. No ano seguinte, em 2001, um algoritmo muito semelhante baseado em heurísticas chamado Minerador Heurístico foi introduzido nos trabalhos de pesquisa. A partir desses algoritmos iniciais, a tecnologia tem evoluído cada vez mais em termos de visualização, funcionalidades e aplicabilidade no contexto empresarial.

A mineração de processos é frequentemente mal interpretada como um campo relacionado à ciência de dados. A mineração de processos deve ser vista como uma ponte entre a ciência de dados e a ciência de processos. A mineração de processos se concentra em transformar o registro digital de eventos em uma representação significativa do processo para fins de análise, visualização, modelamento, controle e simulação.

A mineração de processos é uma tecnologia que também integra diferentes áreas das organizações como negócios, processos, melhoria contínua e tecnologia, permitindo que os usuários entendam completamente como seus principais processos de negócios são executados e encontrem as ineficiências que atrapalham o seu desempenho antes de realizarem ações inteligentes e automatizadas para remover lacunas no processo.

Volumetria, tempos, esperas, desvios e retrabalhos são algumas análises tipicamente realizadas através de *process mining* para fins de entendimento do estado atual e proposição de melhorias. *Process mining* possui valor intrínseco por criar valor em termos de gestão, mas principalmente extrínseco por direcionar as iniciativas de melhoria de processos e automatização com RPA (*Robotic Process Automation*), por exemplo.

Processos candidatos a *process mining* são aqueles tipicamente realizados sobre plataformas tecnológicas transacionais como ERP ou CRM e que ocorrem ao longo de diversos departamentos, com alta volumetria e diversos caminhos críticos.

Digital Twin of an Organization (DTO)

Dentro do cenário da hiperautomação, onde todos os processos possíveis serão automatizados, um grande volume de dados será gerado em tempo real, espelhando no ambiente digital tudo o que é executado no plano real de negócios. Esse espelho digital é referenciado pela Gartner como DTO – *Digital Twin of an Organization*, ou gêmeo digital de uma organização –, uma estrutura sobre a qual a organização poderá analisar e simular mudanças e melhorias no negócio antes de executá-las.

O conceito de gêmeo digital não é novo, já era utilizado há mais de 30 anos por equipes de engenharia de produtos e processos em simulações. A NASA, por exemplo, faz simulações complexas há décadas (PETTEY, 2017). O termo *Digital Twin of an Organization* (DTO) foi incluído no relatório "Top 10 Strategic Technology Trends for 2020" da Gartner, que o definiu como "uma representação digital de uma entidade ou sistema do mundo real" (PANETTA, 2019; CEARLEY et al., 2019).

A criação do gêmeo digital de uma organização (DTO) permite que as organizações visualizem como funções, processos e indicadores-chave de desempenho (KPIs) interagem para gerar valor. O DTO torna-se então uma parte integrante do processo de hiperautomação, fornecendo inteligência contínua e em tempo real sobre a organização, gerando oportunidades de negócios significativas.

Ao usar um DTO, em vez de implementar mudanças no mundo real, as organizações podem verificá-las em um modelo virtual, permitindo ajustes e alterações de modo mais simples. Isso significa que as organizações serão capazes de revisar diferentes opções e cenários antes de implementar mudanças importantes.

Um DTO também pode ser útil nas operações do dia a dia ao permitir que sejam feitas análises dos processos atuais para identificar áreas de ineficiências ou fraquezas, podendo levar à melhoria organizacional. Um DTO também pode fornecer uma grande quantidade de dados e informações de desempenho histórico, auxiliando no planejamento estratégico e na otimização de processos.

Além disso, por fornecer uma visão das metas e modelos de negócios, um DTO pode ser uma ferramenta fundamental no treinamento de funcionários. Utilizar um DTO para treinamento pode levar a uma compreensão mais ampla das operações gerais de negócios, seus objetivos de desempenho, suas estratégias em toda a organização e suas diretrizes principais. Como resultado, permite que todas as partes interessadas entendam e se alinhem com as metas e operações de toda a organização.

Em poucas palavras, o DTO se torna o *big data* em tempo real da organização.

Digital Operations (*Digital Ops*)

As soluções de tecnologia que suportam a jornada da hiperautomação devem evoluir e se unir cada vez mais para sustentar de forma integrada as diversas etapas da esteira de automação: descobrir, analisar, projetar, automatizar, medir, monitorar, reavaliar.

A esse conjunto de soluções integradas a Gartner chama de caixa de ferramentas de tecnologia de *Digital Operations* ou *Digital Ops*. Essa caixa de ferramentas tem em seu núcleo as soluções que atuam no nível da execução e do controle do trabalho automatizado: RPA (*Robotic Process Automation*), iBPMS (*Intelligent Business Process Management System*), BRMS (*Business Rules Management System*) e iPaaS (*Intelligent Platform as a Service*).

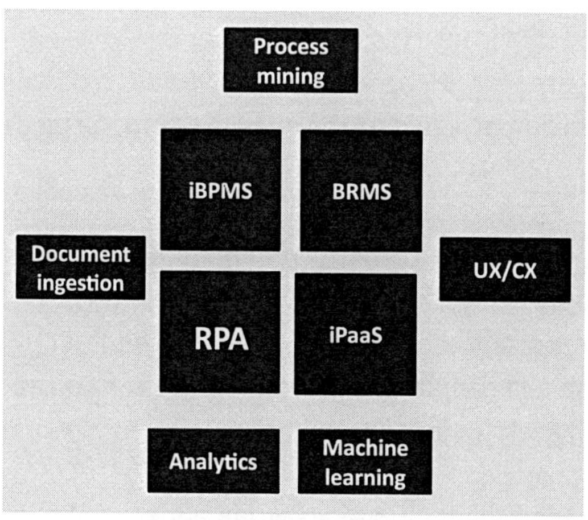

Figura 7.2. Caixa de ferramenta de tecnologia para *Digital Operations*.
Fonte: o autor.

Esse motor no qual a RPA é peça-chave deve ser capaz de operacionalizar a orquestração do trabalho utilizando robotização e execução de regras complexas em plataformas inteligentes.

A caixa de ferramentas de tecnologia para *Digital Ops* deve contar também com:

- ✓ Ingestão de documentos (*Document Ingestion*) com capacidade de entender e processar conteúdo a partir de informações em diferentes estruturas.
- ✓ Mineração de processos (*process mining*), para minerar e monitorar o desempenho dos processos, possibilitando uma otimização contínua da operação.
- ✓ Ampliação da experiência do usuário/experiência do cliente (UX/CX) para uma interação cada vez mais inteligente com os participantes dos processos.
- ✓ Recursos de análises (*analytics*) e aprendizado de máquina (*machine learning*) para possibilitar que as automações possam analisar o DTO, adaptar e aprender a fazer os processos de forma cada vez melhor e mais otimizada a partir das análises.

A interação entre essas tecnologias será mais amplamente explorada nos próximos capítulos.

RPA 2.0 ou *Intelligent Process Automation* (IPA)

A força da automação inteligente vem à tona quando o RPA se combina com a inteligência artificial (IA) para permitir aplicativos que vão além da rotina para o inovador: da coleta e do processamento de dados à análise e tomada de decisões contextuais (DELOITTE INSIGHTS, 2019).

A automação inteligente de processos (*Intelligent Process Automation* – IPA) é um conjunto de tecnologias inovadoras que unem a automação de processos robóticos (RPA) com o aprendizado de máquina (*machine learning* – ML). O aprendizado de máquina refere-se à capacidade dos sistemas de computador de melhorar seu desempenho sem a necessidade de seguir instruções explicitamente programadas através da descoberta de padrões dos processos e dados. O termo RPA 2.0 também é utilizado como sinônimo de automação inteligente por alguns autores e fornecedores de soluções de RPA.

Como as ferramentas de automação convencionais, o IPA foi projetado para auxiliar trabalhadores humanos ao assumir tarefas repetitivas, rotineiras e manuais. O que difere o IPA das ferramentas de automação do passado, no entanto, é sua capacidade de não apenas imitar as atividades humanas, mas de realmente aprender com elas e melhorar ao longo do tempo, sem a necessidade de intervenção humana.

O IPA possui soluções que são mais robustas, têm um escopo muito mais amplo e requerem um maior investimento de tempo e recursos para serem implantadas. No entanto, sua capacidade de aprender com suas próprias experiências e com a orientação e interação com humanos significa que tem o potencial de gerar economias e melhorias de processo que estão simplesmente fora do alcance da RPA.

8. RPA de primeira geração

Evandro Correia
Jefferson Heloy
Ramon Cordeiro

Apresentação

Este capítulo tem por objetivo introduzir o que vai ser definido no capítulo futuro como RPA 2.0. Aqui há uma inferência direta à RPA de primeira geração, entendendo-a como o ponto de partida para uma crescente demanda de inteligência e escalabilidade nas automações de processos (RPA 2.0).

Um modo de deixar tudo mais fácil para que possamos seguir sem manter dúvidas quanto à RPA de primeira geração é traçar uma comparação com o ambiente corporativo: na maioria dos casos há um estagiário que, usualmente no início de sua jornada profissional, desempenha tarefas simples, repetitivas e supervisionadas pelo colaborador "dono" daquela tarefa, passando por diversas áreas com o objetivo de ganhar maturidade e autonomia. Com essa analogia em mente, podemos dizer que uma RPA 1.0 seria o estagiário em começo de carreira e a RPA de segunda geração (ou RPA 2.0) seria um analista, que por sua vez já foi um estagiário e atualmente exerce atividades sem supervisão direta de um superior. Atividades estas que são mais complexas, ou seja, com tomadas de decisões baseadas em regras e que requerem uma melhor distribuição ou orquestração do seu tempo para que possam ser concluídas no prazo estipulado.

Na imagem a seguir, temos um exemplo de um robô atendido trabalhando em sintonia com um humano em um processo que envolve avaliação de propostas via CRM (*Client Relationship Manager*), validando possíveis ofertas, ordenando, cancelando ou finalizando o processo. O termo "atendido" no contexto demonstrado refere-se a um robô que necessita de auxílio de um operador humano para correta execução, ajudando-o com tarefas como logar no sistema operacional e tomar uma decisão no meio do processamento. Veremos adiante uma melhor explicação dessa característica tão forte da RPA de primeira geração.

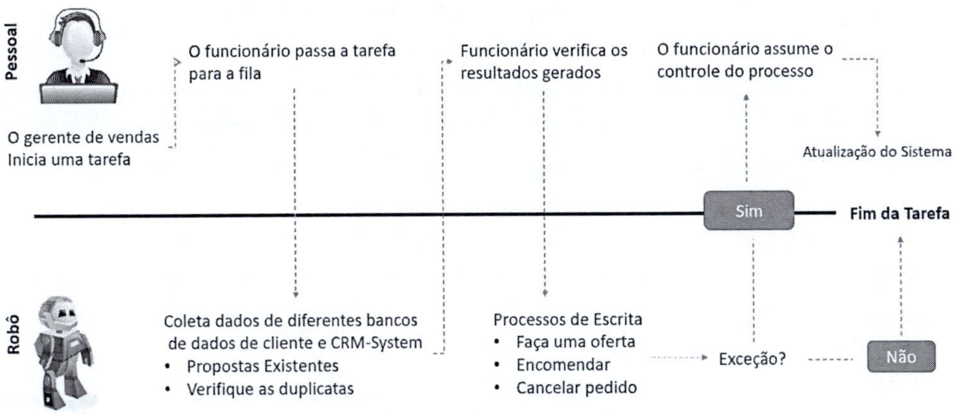

Figura 8.1. RPA de primeira geração.
Fonte: os autores.

Definição de RPA 1.0 e RDA e principais características

RPA de primeira geração, ou RPA 1.0, é definida segundo a Gartner como:

> *Ferramentas RPA executam declarações [if, then, else] em dados estruturados, normalmente usando uma combinação de interações de interface de usuário ou conectando-se a APIs para conduzir client servers, mainframes ou código HTML. Uma ferramenta RPA opera mapeando um processo na linguagem da ferramenta RPA para o software robô seguir, com runtime alocado para executar o script por um dashboard. (TORNBOHM; DUNIE, 2017)*

Sendo assim, assumimos aqui que a função mais básica de uma RPA é seguir regras para realizar passos, definidos via programação de *scripts*, e executar um processo do início ao fim como um humano faria. Primeiramente pensando no uso mais simples da tecnologia, a ideia presente na informática sempre foi de automatizar ações/tarefas e aumentar o poder de comunicação entre um sem número de sistemas, e a RPA é um conceito que torna essa espécie de automação mais tangível quando falamos de software; ao passo que, quando falamos de ferramentas para essas funções, nos referimos a, habitualmente, uma IDE que facilita o processo de desenvolvimento, tendo dessa forma uma tecnologia que pode inclusive caber dentro do conceito de RPA e também ser tratada de forma apartada. Falamos aqui especificamente da RDA (*Robotic Desktop Automation*).

Atualmente ainda se utiliza a RDA, que serve para automatizar tarefas repetitivas realizadas por operadores (telemarketing, atendente etc.) de maneira local, ou seja, a tarefa é executada na máquina do próprio operador. Dentre as dificuldades nessa modalidade de automação, há, por exemplo, atingir alguma escala, necessitando de assistência humana para ações como efetuar *login* na máquina e iniciar os robôs manualmente. Um simples exemplo de tarefa a ser executada por uma RPA/RDA seria uma extração de dados de uma tela e sua colagem em uma planilha eletrônica.

A primeira geração de RPA se tornou agora parte de produtos que se preocupam em expandir o universo das automações robóticas, e conhecemos o objetivo desses produtos pelo termo hiperautomação.

Quando alguma ferramenta de RPA (IDE) nos possibilita integrações com *scripts*, programas etc., ela ganha também a capacidade de executar rotinas inteligentes, com estas sendo desenvolvidas em outras linguagens de programação. É claro que a RPA se torna apenas uma executora da rotina, mas de certa forma há uma terceirização dessa habilidade. Portanto, iniciamos com essa característica por ser um dos principais pontos de inflexão da RPA 1.0 para a RPA 2.0:

- ✓ **Orquestração de *scripts*** – A RPA deve ter a capacidade de disparar e acompanhar a execução de *scripts* não necessariamente incluídos dentro dos comandos (ações que podem ser desempenhadas nativamente) do robô.
- ✓ **Foco em tarefas repetitivas** – Com o objetivo de se ater aos *quick wins* (retorno rápido) de uma determinada ação.
- ✓ **Regras bem definidas** – Pensando em velocidade de entrega como um dos grandes diferenciais de uma RPA de primeira geração, haverá o ganho real na automação, observando o *time to market* e o ROI.
- ✓ **Dados estruturados** – A RPA 1.0 demanda dados estruturados e não possui nenhuma capacidade cognitiva para consumi-los e utilizá-los.

Quando utilizar RPA de primeira geração

Essa escolha deve levar em conta o principal objetivo da automação, e pode surgir a dúvida da diferença entre uma RPA/RDA e uma macro. Segundo Kristin Masters (2014), macro é uma sequência curta de código para automação de pequenas tarefas, as quais podem inclusive conter interações com sistemas, assim como a RPA.

Às vezes você sentirá a necessidade inclusive de automatizar uma macro, sendo assim, a RPA servirá como uma controladora das rotinas automatizadas e com certeza levará seu *script* a um novo nível de amplitude para execução de tarefas automatizadas. Há de se convir que RPA é uma nova geração de macros, ou mesmo uma macro "turbinada".

Com tudo o que foi repassado até o momento neste capítulo, cabe um breve resumo dos benefícios da escolha por uma automação e algumas considerações:

- ✓ **Aumento na eficiência do atendimento ao cliente.** Quando os funcionários estão à beira da estafa de executar tarefas repetitivas, alternando janelas, trocando dados entre diversos sistemas concomitantemente, atendendo a clientes com o tempo sempre espremido entre suas refeições, talvez a habilidade desses funcionários tenda a colapsar durante um dia estressante. As RPAs de primeira geração podem aliviar a carga diária servindo como um assistente, direcionando o foco do colaborador para atender de forma mais hábil e aumentando a confiabilidade da execução de seus processos.
- ✓ **ROI de forma rápida.** Devido a esses tipos de processos repetitivos serem bem conhecidos na maioria das vezes pelos operadores, a chance de uma passagem de conhecimento mais simples e tranquila vem bem a calhar. Com uma rotina simplificada e um *stakeholder* que conhece todas as regras a serem seguidas, facilita muito o desenvolvimento do *bot* a ser implantado, liberando os envolvidos para ajudar na criação, melhoria e adaptação de processos.
- ✓ **Sem interrupções.** Esse tipo de *bot* tem base no desempenho da automação de rotinas extremamente específicas, gerando facilidade para a implantação no fluxo de trabalho, sem paradas para adaptações, já que o resultado ao fim do desenvolvimento é incremental às tarefas do colaborador, apenas gerando diminuição de carga de trabalho, como se tivesse sido contratado um estagiário (que não vai usar o tempo para aprender e não vai deixá-lo na mão pois não precisa de banheiro nem de café).

Principais equívocos na adoção de RPA 1.0

Ao escolher tarefas a serem automatizadas, deve-se cuidar para que estas sejam repetitivas, simples e com regras claramente definidas. Preste atenção nas seguintes características:

- ✓ **Tarefas onde há pouca maturidade ou pouco conhecimento sobre a execução.** Poucas pessoas dominam a execução, ou todo o conhecimento está nas mãos de uma única pessoa no time, ou, ainda, são tarefas que ainda estão em desenvolvimento interno.
- ✓ **Tarefas de alta complexidade onde as decisões a serem tomadas não são baseadas em regras.** Tarefas que envolvem muita manipulação e decisões coordenadas entre diferentes áreas da empresa, ou tarefas nas quais os operadores precisem tomar decisões através de raciocínio e análises mais profundas, como

leitura de relatórios, aplicação de tomada de decisão baseada em inteligência de dados, comparação de diversos relatórios para geração de um *input* único etc. Neste caso, o ideal seria optar por uma solução RPA mais avançada.

✓ **Tarefas onde será necessária a observância da escalabilidade.** Tarefas que tendem a se expandir na empresa, ou que têm o potencial de replicação, que são efetuadas em outras áreas da mesma empresa, tais como geração de relatórios de vendas, realização de pedidos comerciais, folha de pagamento. Todos são exemplos de processos que podem precisar de uma suíte de RPA que contemple um fator de orquestração e escalabilidade para a maximização dos ganhos – em outras palavras, o uso de RPA de segunda geração.

✓ **Mudanças em processos.** Processos que apresentam mudanças frequentes em suas regras de negócio, atividades e/ou sistemas não são bons candidatos a uma RPA 1.0, já que demandarão um alto esforço para manutenção do robô.

Esse apanhado propõe uma esfera de cuidados ao se considerar usar um conceito mais simples de RPA. Embora haja muita aplicação, também necessita de uma visão crítica e as decisões não podem ser tomadas com base em simplicidade, valores envolvidos ou um *time to market* para impressionar clientes (internos ou externos). Deve-se seguir um plano bem estipulado para a implantação da tecnologia, observando as peculiaridades contextuais, como podemos ver no Capítulo 16, para que não haja dores de cabeça ao ver uma solução simples tornar-se um problema gigante.

A seguir resumimos as principais características a serem buscadas nos processos para uma avaliação de alto nível quanto à aderência a automações com RPA 1.0, além de apresentarmos exemplos de alguns bons processos candidatos a essa tecnologia.

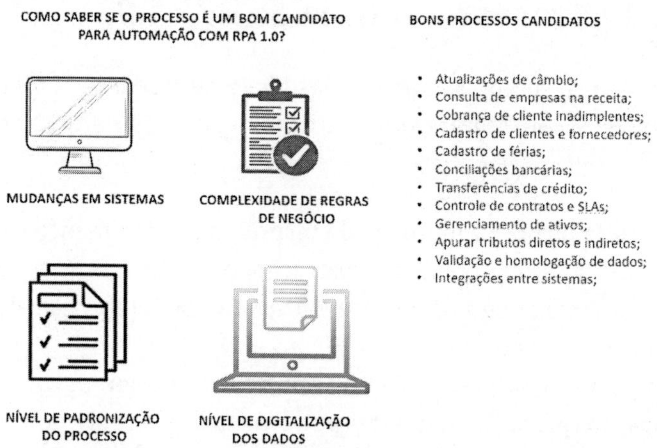

Figura 8.2. Bons processos candidatos a uma automação com RPA 1.0.
Fonte: os autores.

9. Como é pensada a RPA 2.0

Fernando Baldin

Como explicitado até aqui, é cada vez mais claro o papel que a automação terá no desenvolvimento dos negócios do futuro – e por que não do presente?

Cada vez mais a automação não apenas dos processos de negócio, mas dos modelos de negócio como um todo, será um dos principais diferenciais competitivos do mercado. A importância de se ter a tecnologia junto do seu cliente, no centro do seu negócio, seja para otimizar processos internos ou construir produtos digitais, se tornará notória nas empresas que se manterão ativas e crescentes no mercado.

Os grandes *players* de tecnologia, atualmente, buscam formas de integrar pessoas, parceiros, modelos de gestão, tecnologia e resultados de negócio em plataformas tecnológicas integradas e centralizadas. Com elas será possível criar novas formas de entrega de valor e operação de negócios de maneira menos custosa e mais ágil.

A forma como, hoje, as tecnologias se apresentam e são aplicadas certamente não será a mesma em uma janela de dois a três anos no futuro. À medida que as tecnologias cognitivas amadurecem na sua aplicabilidade e passam a abordar um modelo de implantação similar ao já trazido na RPA de primeira geração, ou seja, com baixa complexidade na sua aplicação, por meio de soluções *low/no code*, permitindo a expansão de capacidade cognitiva dos robôs sem a necessidade de grandes linhas de código e em uma plataforma integrada às demais tecnologias, elas contribuem de forma expressiva para a criação de novos processos e aceleram consideravelmente o conceito já bem conhecido como transformação digital.

É quando damos a capacidade cognitiva aos robôs e democratizamos o uso de inteligência artificial, *machine learning*, *chatbot*, dentre outras tecnologias, que entramos no mundo da RPA 2.0.

Algumas tecnologias começam a se destacar nesse campo, como aquelas que prometem a identificação e o mapeamento de processos de forma automática (*process mining* e *task mining*), já criando um fluxo de automação pré-pronto para que o analista de automação somente finalize. Essa aplicação promete atingir em cheio um dos principais gargalos na jornada da automação, que é a identificação do processo atual e a sua construção dentro das plataformas existentes de automação.

Mas tudo em tecnologia começa com um conceito aplicado de forma parcial que, ao evoluir, vai demonstrando as melhores práticas. Com a adoção de tecnologias cognitivas combinadas aos robôs, veremos o mesmo caminho.

Mas e a inteligência artificial?

Uma das perguntas mais comuns quando iniciamos a jornada da automação é: quando iremos aplicar inteligência artificial em nossos robôs?

Aqui vem um ponto importante: defina o problema antes de escolher a tecnologia. Sempre que você quiser aplicar uma tecnologia e tentar encontrar um problema você estará invertendo o processo básico da inovação.

As tecnologias de inteligência artificial serão aplicadas em processos robóticos com a intenção de auxiliar e aprimorar a decisão por parte do robô nesses fluxos. Alguns pontos que acreditamos que serão cruciais para essa aplicabilidade se referem muito a itens não tão conhecidos das áreas de negócios. Um dos maiores desafios para a construção de robôs eficientes está no que chamamos de gestão do erro, que é a disciplina que visa identificar e mapear os possíveis erros para que o robô não pare. No entanto, essas escolhas ainda são extremamente manuais. Seria interessante se contássemos com a aplicação de tecnologias cognitivas para que os robôs pudessem realizar ações de retomada da execução e sugerir caminhos alternativos, tornando o robô cada vez mais autônomo no momento em que está executando as atividades.

Outra aplicabilidade esperada são as tecnologias cognitivas de entendimento e extração de dados de documentos não estruturados. Esse desafio pode ser visto em automações que envolvem documentos como notas fiscais de prefeituras, por exemplo, que são similares, mas nunca iguais. Já é possível obter tecnologias cognitivas que conseguem identificar, mediante um grande volume de exemplos, as informações necessárias ao processo de automação.

Mas a maior evolução dentro do campo da automação será sua democratização. Quando as pessoas passarem a interpretar com naturalidade quais atividades devem ser automatizadas, atingiremos o mesmo grau de performance e aplicabilidade dos aplicativos de automação de escritório hoje em dia. Ninguém pensa em fazer uma planilha em papel ou uma apresentação em um documento físico. Isso deu velocidade e permitiu agregarmos muitos serviços novos às empresas, criando uma nova forma de se comunicar e de trabalhar, permitindo colaboração em patamares impensáveis de se atingir no ambiente físico.

Portanto, fechamos este capítulo apontando a RPA 2.0 como a evolução da RPA de primeira geração, trazendo maiores capacidades cognitivas ao robô e democratizando o uso de tecnologias cognitivas no dia a dia operacional das organizações.

Conclusão

Na primeira geração das plataformas de automação o foco estava no número crescente de tecnologias para a realização das tarefas pelo robô. No entanto, com a evolução dos processos a serem automatizados, a nova geração para automações será a congruência de diferentes tecnologias, no intuito de aumentar as possibilidades do que o robô pode fazer e assumir nas tarefas do dia a dia das empresas. O objetivo é que os robôs possam se libertar das atividades repetitivas e padronizadas e desenvolvam algum nível de julgamento ou análise, aumentando a amplitude do que pode ser feito com as tecnologias de automação dentro das corporações. Essa jornada será de muita descoberta e frustração, mas os profissionais que a iniciarem antes terão uma vantagem enorme no mercado, pois poderão atingir patamares de produtividade até então impossíveis para o modelo mental que temos até então na aplicação das tecnologias nas atividades empresariais.

A jornada da automação é uma caminhada sem fim, pois novas possibilidades surgirão à medida que avançarmos no uso da tecnologia em tarefas antes feitas somente por pessoas, mas que passam a ser otimizadas para obter a melhor relação entre homem x máquina.

10. Benefícios de projetos de robotização

Mikael Schirru

Todo projeto, seja ele de automação ou não, busca trazer algum benefício para a organização em questão, seja ele tangível ou intangível. Com a RPA não é diferente, e neste capítulo mostraremos alguns dos benefícios que ela pode trazer para sua empresa.

Usando recursos com inteligência

É comum que na maioria das empresas existam processos manuais, repetitivos e baseados em regras, independentemente do setor. Esses são excelentes processos a serem automatizados pela RPA, uma vez que ocupam recursos (FTE) e não dependem de ações cognitivas, ou seja, do uso da inteligência, para serem realizados.

Façamos um exercício: imagine que uma empresa de grande porte tenha em média trinta mil fornecedores e que todo mês seja necessário verificar a idoneidade de todos eles. Considere que o mês tem em média 22 dias úteis:

$$\frac{30000}{22} = 1363.63$$

Ou seja, será necessário realizar a verificação de aproximadamente 1.363 fornecedores por dia. Levando em consideração que uma jornada de trabalho tem 8 horas diárias ou 480 minutos:

$$\frac{1363}{480} = 2.83$$

Em resumo, seria necessário que um funcionário realizasse a verificação de quase três fornecedores por minuto, uma tarefa um tanto quanto difícil de ser realizada. Portanto, caso esse processo seja extremamente necessário, é muito provável que exista mais de uma FTE destinada a realizá-lo.

Tendo em mente que um processo automatizado pode rodar 24 horas por dia, sete vezes por semana, sem a intervenção de um ser humano, podemos afirmar que um robô seria capaz de realizar todos os 1.363 fornecedores diários, considerando um tempo de 1 minuto de verificação por cada fornecedor. Considerando o cenário proposto, seria possível realocar uma média de três FTEs para ocupar funções de maior capacidade cognitiva.

Esse é somente um dos possíveis cenários dentro de diversos outros que existem na maioria das empresas e em diversos setores. A principal vantagem do RPA é realizar as tarefas repetitivas e baseadas em regras de maneira mais rápida, liberando assim os executores para realizar outras funções de maior necessidade cognitiva e valor agregado ao negócio.

No exemplo exposto, estamos utilizando uma RPA de primeira geração para obter um grande ganho a partir da liberação de horas de funcionários para atividades mais estratégicas. É importante que, ao avaliar o desafio em questão, sejam selecionadas as soluções de hiperautomações que potencializam o ganho buscado. Use com inteligência o mar de tecnologias dentro do contexto de hiperautomação.

Possíveis benefícios

A aplicação do uso da RPA e demais tecnologias da hiperautomação é particular de cada organização; no entanto, o tipo de retorno a ser perseguido passa por algumas opções comuns.

Cada organização possui a sua estratégia, modelo de negócio e prioridades. Os objetivos estabelecidos na estratégia de cada organização devem guiar o retorno a ser buscado com o uso da robotização.

O potencial de retorno com o uso das tecnologias está diretamente alinhado à capacidade de inovação e visão de futuro digital de cada empresa. A seguir listamos alguns deles de modo a apoiar nossos leitores nos próximos passos.

SE O SEU OBJETIVO É ...	A COLABORAÇÃO ENTRE ROBÔS E HUMANOS PERMITE ...	RESULTANDO EM ...
Rápida Escalabilidade do Negócio	Realizar decisões melhores e mais rápidas, com base em dados completos e confiáveis	↑ KPIs de Negócio (#/%/$)
Redução de Custo	Automação de tarefas que consomem FTE, reduzindo a necessidade de novas contratações de humanos	↓ Custo Operacional ($)
Aumento de Receita	Redução do ciclo de execução de processos, permitindo a captura de receitas adicionais	↑ Receita ($)
Melhoria na Experiência do Cliente	Prover uma melhor interação de clientes com a organização e produtos	↑ NPS Score (#)
Maior Aderência de Compliance	Construção de automações com base em regras, garantindo a aderência aos processos e requisitos estabelecidos	↓ KPIs de Risco (#/%/$)
Alavancar Experiência dos Funcionários	O Funcionário poderá eliminar proativamente de sua rotina, tarefas que o demandem repetições e trabalhos manuais	↑ eNPS Score ($)

Figura 10.1. Apoio para os próximos passos na automação.
Fonte: adaptado de UIPath Academy (s.d.).

Tipos de benefícios

Como ressaltado na introdução deste capítulo, os ganhos buscados podem ser qualitativos ou quantitativos. O uso da RPA permite uma correlação bem direta na redução de *headcounts* na empresa, por exemplo, sendo possível comprovar quantitativamente o volume de FTEs que poderão ser reduzidos por meio do uso do robô e, consequentemente, o valor financeiro economizado com essa iniciativa. No entanto, é complexo estabelecer um valor bruto para a redução de riscos de negócio trazida pela robotização.

Não se deve subestimar os ganhos projetados de forma quantitativa em momentos de construção dos seus *business cases*, uma vez que existem vários *cases* de mercado que os comprovam. O uso de robôs para auxiliar os atendentes em centrais de atendimento já comprovaram em diversos casos o aumento na satisfação dos clientes. Em tempo de desenho do projeto, é difícil estimar o aumento da nota de NPS que se esperará com essa tecnologia. Porém, é relativamente simples dizer em quanto tempo o atendimento poderá ser reduzido.

Combine ganhos quantitativos e qualitativos em seus projetos de robotização.

11. Afinal, o que é hiperautomação?

Gilberto Strafacci
Rafael Tonassi

Há uma palavra que vem ganhando força no mercado e vem chamando atenção de líderes de organizações desde o ano passado: *hyperautomation*. Se você buscá-la no Google Trends, verá que era um termo praticamente desconhecido há poucos anos. A popularidade da palavra teve um grande aumento a partir do final de 2019.

O recente aumento na popularidade pode estar fortemente relacionado ao relatório da Gartner publicado em 21 de outubro de 2019 (PANETTA, 2019) sobre as 10 principais tendências tecnológicas estratégicas para 2020. Mas, afinal, o que é *hyperautomation*?

De acordo com a Gartner (PANETTA, 2019), a *hyperautomation* se concentra em dois aspectos das operações de negócios: o primeiro é automatizar tudo o que pode ser automatizado dentro de uma organização. O segundo é fazer a transição da RPA usada para automação de tarefas simples e baseada em regras com dados estruturados para RPA combinada com AI para automação inteligente que pode automatizar processos complexos com dados não estruturados e um nível significativo de inteligência. Os dados gerados pela automação inteligente podem ser interpretados por humanos para a tomada de decisões estratégicas orientadas para os negócios.

Hoje, existem plataformas de automação que possibilitam a integração de tecnologias de RPA e *low coding* com inteligência artificial das mais diversas formas. Existem, a partir dessa tecnologia integrada, diversos benefícios imediatos que podem ser considerados:

- ✓ **Produtividade em escala:** a automação é mais rápida que os humanos e está livre de erros. Automatizar o máximo de processos possíveis possibilita ganhos em escala para casos de negócio que são replicáveis em nível de indivíduo, ou seja, são poucos casos de uso que podem ser utilizados por muitas pessoas.

- ✓ **Análise e percepções aprimoradas:** a automação cria mais dados que podem ser analisados para entender melhor o desempenho do processo. Há um aumento da densidade digital, ou seja, os robôs facilitam a captura de dados que podem gerar valor adicional.
- ✓ **Automação de processo ponta a ponta:** a automação sozinha pode completar tarefas simples e únicas. A automação inteligente pode se concentrar em processos inteiros que contêm dados estruturados e não estruturados.
- ✓ **Melhor experiência do cliente:** processos mais simples e rápidos, suporte personalizado ao cliente e mudanças de processo orientadas por dados são possibilitados pela automação e digitalização, pois, a partir dos robôs digitais, se pode responder muito mais rapidamente e de forma mais flexível às particularidades de cada demanda.
- ✓ **Aumento do ROI:** adicionar automação e inteligência aos processos certos reduz filas e tempos de ciclo, elimina ineficiências e possibilita melhor tomada de decisões.
- ✓ **Aumento da inovação:** os humanos gastarão menos tempo no trabalho orientado para atividades de baixo valor agregado, liberando seu tempo, com maior autonomia, para resolver problemas e inovar nos negócios e processos.
- ✓ **Ciclo de melhoria contínua:** o aumento constante da automação torna os processos cada vez mais eficientes e, simultaneamente, fornece cada vez mais dados para decisões baseadas em fatos sobre o que automatizar em seguida.

Mas, por que a *hyperautomation* está subitamente em destaque? As previsões de RPA e IA contendo números colossais estão transbordando na internet. De acordo com relatório da Forrester, o mercado de automação de processos robóticos chegará a 2,9 bilhões de dólares em 2021 (LE CLAIR, 2017). Um guia do IDC prevê que, em 2023, o mercado de Inteligência Artificial (IA) ultrapasse a marca de US$ 500 bilhões (REDAÇÃO, 2022). Em geral, várias fontes concordam que essas tecnologias terão um impacto grande e inegável nas tendências de mercado e nas decisões de negócios.

A ideia de combinar automação e IA, no entanto, não é um conceito novo. Desde que a IA existe, há um fascínio em combiná-la com robôs para ajudar os humanos. Então, por que o aumento repentino no interesse?

A IA (inteligência artificial), geralmente na forma de aprendizado de máquina, que processa grandes quantidades de dados, foi inventada na década de 1950 e tem sido amplamente usada em operações de negócios desde 2010 para prever tendências de consumo, melhorar as relações com clientes e detectar fraudes, para citar algumas aplicações comuns de hoje.

A RPA, por outro lado, existe desde a década de 2000, mas foi apenas nos últimos anos que começou a ganhar força. A empolgação inicial com a tecnologia em seus primeiros anos levou à rápida adoção e criou expectativas elevadas, passando por um período de expansão.

Duas décadas depois, ambas as tecnologias avançaram. As empresas desenvolveram as melhores práticas para a implementação de RPA com ótimos resultados e a adoção está aumentando. Já existem boas práticas para implementar corretamente RPA nas operações e isso gera segurança para a integração de outras tecnologias. Porém, existem desafios a serem vencidos.

Do ponto de vista da tecnologia, *hyperautomation* vai muito além de RPA e IA. Para automatizarmos em escala todos os processos, uma estratégia de integrações, IPaaS, iBPMS e ferramentas *low code* é fundamental. A jornada de *hyperautomation* diz respeito exatamente à estratégia e execução de um plano de automatização que eventualmente comece pelo RPA, mas que integre todas essas tecnologias considerando suas particularidades, vantagens e desvantagens.

Um dos maiores desafios que as empresas enfrentam nas iniciativas de RPA é o aumento de escala. Até hoje, as empresas não têm total transparência de seus processos de negócios, o que torna difícil entender quais atividades são boas candidatas à automação e se o retorno do investimento valia o esforço. Não se trata apenas de buscar a automatização de processos existentes, mas de repensar a cadeia de valor a partir da tecnologia. Esse processo exige conhecimento da tecnologia, de metodologias (como, por exemplo, *design thinking*) e dos processos de negócio.

Além disso, dentro do arcabouço da *hyperautomation* há uma adoção crescente de ferramentas de mineração de processos que ajudam a aumentar rapidamente a automação de processos. Como a RPA, o desenvolvimento da tecnologia de *process mining* ao longo dos anos desempenhará um grande papel na adoção de RPA + IA.

Um software de mineração de processo padrão usará os dados do sistema de uma empresa para descobrir e analisar processos de negócios e identificar eficiências de processo e problemas de conformidade.

Hoje, as soluções avançadas de *process mining* são utilizadas em toda a iniciativa RPA, desde o planejamento até a pós-implementação. Isso ocorre porque a mineração avançada de processo poderá criar um *Digital Twin of an Organization* (DTO), uma cópia digital virtual de seu processo de negócios atual, onde você pode testar a RPA com segurança antes de implementá-la.

Com um DTO, você pode testar cenários hipotéticos sem limites em um ambiente de simulação, usando seu DTO para entender quais atividades são mais adequadas para a automação com base no tempo de espera, nos custos e no ROI estimado.

Assim que a automação certa for implementada, a mineração de processos monitorará constantemente a automação para ver se ela funciona conforme o esperado. Os dados gerados a partir da automação podem ser adicionados ao processo para deixá-lo cada vez mais claro e completo.

A mineração de processos é uma das várias ferramentas de operações digitais essenciais que podem ajudar a trazer a clareza necessária para orquestrar a *hyperautomation*. Outras ferramentas incluem software inteligente de gerenciamento de processos de negócios, plataformas de desenvolvimento de baixo código e mecanismos de regras de negócios.

Mas todas as organizações estão prontas para a *hyperautomation*?

A tendência de *hyperautomation* será polarizada para alguns – provavelmente dependerá de sua experiência com RPA. Para muitos, a ideia de incrementar a automação parece estimulante e recompensadora, mas como pavimentar o terreno para escalar de forma adequada? É necessário evitar alguns erros.

- ✓ **Iniciar *hyperautomation* sem um plano de automação de negócios forte:** seu plano de automação deve fazer parte da estratégia geral de melhoria das operações de negócios da sua organização. Envolver as áreas de negócio é fator crítico de sucesso. Vale lembrar, sempre, que a tecnologia é o meio, e não o fim, para entrega de valor ao cliente interno e ao cliente externo. Você precisará avaliar tempo, custos e riscos que suas iniciativas de automação representarão para toda a organização. Parte desse planejamento envolverá a escolha das ferramentas de operações digitais necessárias para integrar, rastrear e analisar sua automação.
- ✓ **Automatizar processos antes de serem otimizados ou repensados:** adicionar automação a processos ineficientes não produzirá de repente processos eficientes, e o risco é executar processos ineficientes com mais rapidez e aumentar os custos.
- ✓ **Automatizar os processos errados:** só porque você pode automatizar um processo, não significa que você deve. Buscamos automatizar todos os proces-

sos que devem ser automatizados na ordem correta, considerando o melhor resultado e o menor risco.

✓ **Automatizar processos desconhecidos:** não importa o quão bem você acha que conhece um processo, você nunca terá total transparência sobre como o processo realmente funciona sem mapeá-lo e analisá-lo. Há uma grande diferença entre como um processo deve funcionar e como ele realmente funciona.

Com isso, a *hyperautomation* ainda está em seu estágio inicial e seu futuro parece promissor. O início da jornada da *hyperautomation* certamente exigirá algum esforço no planejamento de uma estratégia de negócios de automação, encontrando o conjunto completo de ferramentas para apoiar a integração da automação e incluindo os funcionários entre a lista de outras ações preparatórias. Depois de tirar o trabalho inicial do caminho, você pode esperar colher os benefícios assim que implementar a automação inteligente.

A *hyperautomation* sem dúvida experimentará um efeito de bola de neve. Quanto mais vantagens as empresas obtêm com a automação inteligente, mais elas a implementam. O potencial da automação inteligente é muito forte para atribuir a crescente adoção à mentalidade "só porque todo mundo está fazendo isso". Em breve, todos estarão usando e será uma abordagem padrão na jornada de transformação digital.

Experiências anteriores e hesitações à parte, é vantajoso reconhecer que a RPA e as tecnologias de aprendizado de máquina estão avançando a taxas surpreendentes. As empresas que decidirem adiar a implementação dessas tecnologias só poderão fazê-lo por um tempo limitado antes de começar a sentir o atraso à medida que outras empresas se tornam "hiperautomatizadas" e avançam.

12. O mercado da hiperautomação

Wemerson Medeiros

Diferentemente de mercados maduros ou com mais tempo de experimentação, não é exatamente adequado afirmar que exista um mercado de hiperautomação de maneira que se possa estimar tendências e projeções financeiras. Ou, pelo menos, não existe uma definição formal que categorize quais tecnologias são essenciais para que haja a hiperautomação.

A definição da Gartner, amplamente divulgada e já referenciada neste livro, diz que hiperautomação envolve o uso em conjunto com diferentes tecnologias, incluindo inteligência artificial, *machine learning*, arquiteturas de software orientadas a eventos, RPA, BPM, iPaaS, ferramentas de *low code/no code*, sistemas de tomada de decisão automatizadas, entre outras. Isto é, se uma empresa usa IA, RPA e BPM ela está fazendo hiperautomação ou apenas o uso combinado de ferramentas? Se o produto não está definido ou delimitado, não se pode determinar o mercado, não pelo menos academicamente falando.

Por outro lado, segundo a Gartner, as plataformas *low/no code*, como RPA e IA, é que devem impulsionar a hiperautomação. É por isso que Rashid (2021), citando a mesma pesquisa, afirma que o mercado dessas tecnologias poderá chegar a US$ 596 bilhões até 2022, representando um aumento de quase 24% em relação a 2020.

Ainda segundo a mesma pesquisa citada por Rashid (2021), é previsto um crescimento significativo de 54% de uso de plataformas de código baixo (LCAP), RPA e IA e que até 2024 as organizações serão levadas a adotar pelos menos três tipos de softwares agnósticos de processo. Destaca-se que na pesquisa do ano anterior a Gartner previu que até 2024 os aplicativos desenvolvidos em LCAP representariam 64% das atividades de desenvolvimento de aplicativos em geral.

Para a Gartner, investir em automação é questão de sobrevivência, dado que até 2024 as organizações que investirem em hiperautomação poderão reduzir até 30% dos seus custos operacionais.

Em termos gerais, McHugh (s.d.) destacou do relatório da Gartner as principais tendências para os próximos anos:

- ✓ Em 2025, 50% das empresas terão desenvolvido plataformas de orquestração de inteligência artificial (IA), contra menos de 10% em 2020.
- ✓ No final do ano de 2025, mais da metade da população mundial estará sujeita a pelo menos um programa de internet de comportamentos (IoB) (privado, comercial ou governamental).
- ✓ Em 2023, 40% de todas as cargas de trabalho corporativas serão implantadas em infraestrutura em nuvem e serviços de plataforma, contra 20% em 2020.
- ✓ Até 2024, os aprimoramentos nos recursos de análise e correção automática irão redirecionar 30% dos esforços de operações de TI, do suporte à engenharia contínua.
- ✓ Em 2023, 40% das equipes de produto e plataforma usarão *AIOps* para análise automatizada de risco de mudança em *pipelines* de *DevOps*, reduzindo o tempo de inatividade não planejado em 20%.

É importante considerar nesse cenário que a operacionalização ou viabilização da hiperautomação passa necessariamente também por um esforço de investimento estruturante em capacidade e flexibilidade de computação e armazenamento, pois de outra forma a hiperautomação ficaria limitada em capilaridade e processamento.

Por introdução da Gartner (KARAMOUZIS et al., 2020), a internet dos comportamentos (IoB) é outro tema que afetará os investimentos do mercado de hiperautomação. A IoB, mesclada com a IoT, elevará a hiperautomação a outro nível de experiência, permitindo a oferta de serviços mais individualizada possível, beneficiando clientes e empresas.

A hiperautomação não representa apenas desafio tecnológico, mas também de governança. É esperado um aumento significativo em investimentos relacionados a curadoria de dados, arquitetura, integração e desenvolvimento. Além disso, a Gartner (KARAMOUZIS et al., 2020) prevê que até 2024 cerca de 70% das empresas globais terão mais de 70 iniciativas simultâneas de hiperautomação exigindo governança significativa.

O mercado da hiperautomação impactará também as relações humanas da área de TI, entre funções e responsabilidades. A Gartner prevê três grandes movimentos nesse sentido (KARAMOUZIS et al., 2020):

- ✓ Em 2025, um em cada dez líderes de tecnologia se encontrará como líder de fato em experiência do cliente para sua organização.
- ✓ Em 2024, 25% dos CIOs tradicionais de grandes empresas serão responsabilizados pelos resultados operacionais de negócios digitais, tornando-se efetivamente "COO por *proxy*".
- ✓ Em 2022, 70% dos projetos de experiência do cliente farão uso de tecnologia da informação.

As equipes de TI, e especialmente os líderes de TI, passarão a desempenhar um papel mais importante na concepção de estratégias de negócio a longo prazo, dado que os serviços de TI se tornarão cada vez mais essenciais para o sucesso dos negócios. Como reflexo dessa mudança, os CIOs assumirão cada vez mais novas responsabilidades, incluindo promover conhecimento digital a outros executivos da organização, assumir a liderança das operações de negócios digitais e desempenhar um papel direto no projeto e na implementação de experiências do cliente.

PARTE III.
ROADMAP PARA AUTOMAÇÃO INTELIGENTE

13. Por onde começar?

Leonardo Martins

Como apresentado nos capítulos anteriores, RPA é uma tecnologia que teve seu *hype* nos anos que antecederam o ano de 2020 e, atualmente, se consolidou nas organizações. Apesar disso, muitas empresas ainda apresentam dificuldades em sua jornada de robotização, seja nos passos iniciais, seja no momento de escalar a solução em sua organização.

Esta parte do livro busca trazer uma sugestão de direção a ser seguida pelos nossos leitores. Ela é escrita por diversos especialistas de mercado, desde fornecedores de serviços de robotização até usuários dos próprios robôs, que passaram pelos desafios aqui expostos e buscaram compartilhar um pouco da lição aprendida em seus projetos.

A jornada de robotização será desdobrada em duas principais visões:

- ✓ Modelo de trabalho de projetos de robotização
- ✓ Modelo de maturidade do Centro de Excelência em automação

Ambas conduzirão nossos leitores pelos principais pontos a serem tratados ao longo da sua jornada de robotização.

Modelo de trabalho de projetos de robotização

Neste tópico apresentaremos um modelo de trabalho simplificado para projetos de RPA. O objetivo não é apresentar um modelo operacional para robotização, mas trazer uma visão de alto nível para os principais desafios que nossos leitores poderão encontrar durante a construção e operacionalização de uma jornada de robotização. É importante que cada organização estabeleça uma metodologia de trabalho que melhor atenda ao seu contexto e cultura.

O modelo de trabalho apresentado neste livro é dividido em seis principais etapas, conforme apresentado a seguir:

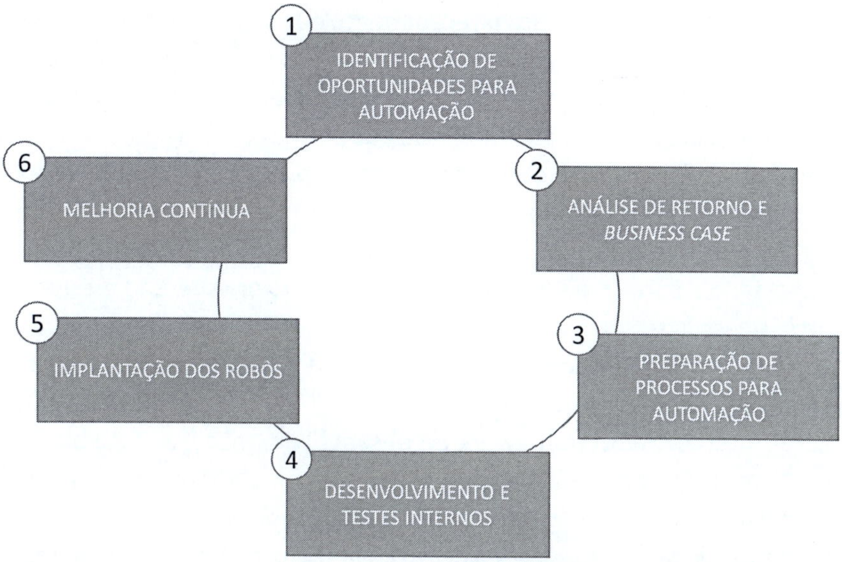

Figura 13.1. Modelo de trabalho de projetos de robotização.
Fonte: o autor.

1. **Identificação de oportunidades para automação:** todo trabalho de automação é iniciado pela identificação de oportunidades para tal. A formação de um *backlog* de oportunidades para automação é um passo importante para que a iniciativa de automação de processos de negócio seja cíclica, contínua e transformadora. Existem tecnologias, como o *process* e *task mining* que apoiam nesse desafio e tornam o trabalho menos árduo e automatizado.
2. **Análise de retorno e *business case*:** para que uma iniciativa de automação seja bem-sucedida e reconhecida, ela precisa ser justificada e entregar valor para a organização. É importante que os investimentos realizados possuam retornos atrelados e que a escolha do que se vai automatizar seja realizada com base no potencial de valor que aquela automação irá gerar para o negócio. Portanto, é importante estabelecer uma visão que defina as principais diretrizes que conduzirão as escolhas dos processos a serem automatizados. A visão deve estabelecer critérios de ganho a serem buscados pelos projetos de RPA, sejam eles relacionados a redução de custo, aumento de receita, redução de risco, aumento de satisfação dos clientes, dentre diversas possibilidades de ganho geradas pelo uso da tecnologia. Os ganhos devem direcionar a escolha do processo e a tecnologia a ser aplicada, e não o contrário.

3. **Preparação dos processos para automação:** após entendimento dos ganhos esperados e escolha das oportunidades priorizadas, parte-se para o início técnico do projeto. Nesse momento, os processos selecionados para automação serão revisados e preparados para o recebimento das tecnologias. Serão aplicados conceitos de melhoria de processos, como *Lean Office*, por exemplo, e serão estabelecidas as atividades que serão executadas por robôs e por humanos. Serão detalhadas as regras de negócio que permeiam as decisões do processo, serão estabelecidas as exceções previstas em processos, desenhadas as ações de contingência em caso de falhas do robô, assim como serão estabelecidos os indicadores de performance do robô e do processo. Esse é um dos passos mais importantes para que a automação retorne o valor esperado e estabelecido no *business case*.
4. **Desenvolvimento e testes internos:** o desenvolvimento das soluções desenhadas na etapa anterior ocorre por meio de boas práticas. Neste livro apresentaremos um *framework* de desenvolvimento que está alinhado às melhores práticas do mercado. São sugeridos modelos orientados a objeto e modularização de códigos para o contexto de robotização.
5. **Implantação dos robôs:** após o desenvolvimento, a etapa de implantação dos robôs surge como um fator crítico de sucesso para o uso da tecnologia. Esse momento engloba aspectos da homologação do desenvolvimento junto ao dono do processo, garantindo que o novo processo redesenhado esteja sendo executado exatamente conforme a sua documentação. É preciso orientar a área de negócio sobre como lidar com o novo companheiro de trabalho digital, além de efetuar o transporte da automação para ambiente produtivo e preparar o time que sustentará o robô. É preciso também acompanhar os primeiros dias do robô em produção, assegurando sua estabilização em um novo ambiente tecnológico.
6. **Melhoria contínua:** por fim, os processos que são operados por funcionários digitais possuem uma grande capacidade de análise de performance e melhoria contínua. Os robôs, assim como as demais tecnologias da hiperautomação, estão em constante interação com dados dos projetos e podem gerar ricas análises sobre o desempenho dos processos, identificando gargalos e oportunidades de melhoria. Os resultados gerados pelos processos que usam essas tecnologias são algumas das grandes vantagens da hiperautomação. Utilize as ferramentas disponíveis nas plataformas de hiperautomação para que o crescimento do seu negócio seja contínuo por meio das automações já estabelecidas.

Modelo de maturidade do Centro de Excelência em automação

O Centro de Excelência (CoE) em automação, como veremos em mais detalhes na Parte IV deste livro, é a principal estrutura que garantirá a governança e gestão das tecnologias e modelos de trabalho que compõem iniciativas e operações de hiperautomação.

O CoE traz consigo características muito similares a uma área de governança de TI e, portanto, pode utilizar muita coisa dessas estruturas já existentes em grandes organizações. Ele será responsável por garantir o alinhamento estratégico entre os objetivos da organização e as iniciativas de automação, deve estar posicionado para tal nas estruturas organizacionais da sua empresa, deve estabelecer processos, modelos e metodologias para direcionar o uso das tecnologias na organização, e deve garantir o engajamento da empresa nas transformações proporcionadas por ele. Portanto, o CoE se torna um item obrigatório em empresas que buscam escalar suas operações de robotização e deve ser contemplado nos planos de longo prazo das empresas que estão iniciando essa jornada.

A seguir apresentamos um resumo dos principais aspectos a serem trabalhados em um CoE:

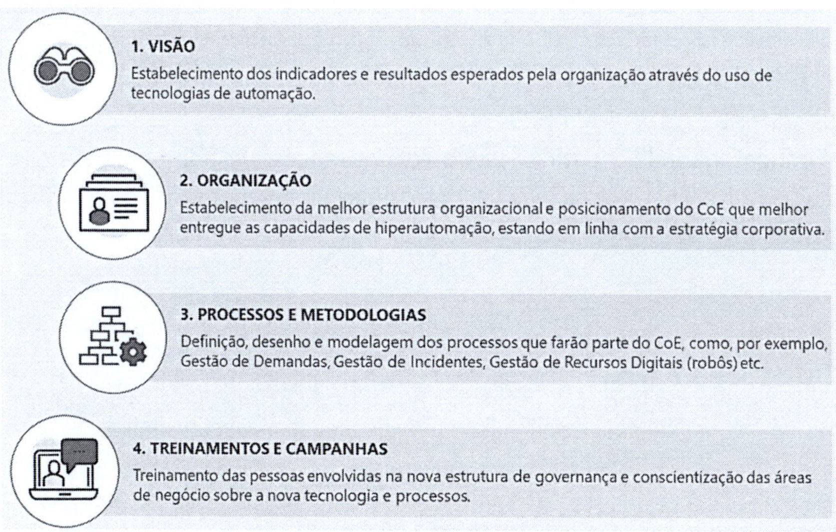

Figura 13.2. Dimensões de um CoE.
Fonte: o autor.

Entendendo de forma macro o papel de um CoE, parte-se, então, para o modelo de maturidade construído pelo autor. Esse modelo de referência foi criado para apoiar nossos leitores no caminho para a evolução desse centro de excelência.

Nível 5 Hiperautomação	Sua empresa já possui um elevado grau de maturidade no contexto de hiperautomação. Os robôs inteligentes são orquestrados por soluções de iBPMS e motores de regra e atendem à organização como um todo, tomando decisões complexas, e são muito integrados à estratégia do negócio. Robôs e humanos convivem e se relacionam ao longo da operação do negócio.
Nível 4 Democratização das automações	Sua empresa já possui um CoE de automação de processos de negócio maduro e operando em um modelo federado. Áreas de negócio já desenvolvem seus próprios robôs e há um modelo de governança que integra TI e áreas de negócio nos desafios de automação.
Nível 3 Automações inteligentes e RPA 2.0	A automação de processos de negócio já evoluiu para um patamar de governança mais maduro e a RPA pura é complementada com tecnologias de inteligência artificial e/ou *machine learning*. As oportunidades de automação são identificadas por meio da combinação de tecnologias para maior capacidade cognitiva dos robôs.
Nível 2 Automações com RPAs governadas	O uso de RPA pura em sua organização possui um mínimo de governança atrelado, com abordagens padronizadas quanto ao uso da tecnologia e robôs atendendo a mais de uma área de negócio.
Nível 1 Automação com RPA	Sua empresa já possui automações com RPA pura, mas de forma não governada e suportada.
Nível 0 Hiperautomação inexistente	Sua empresa não possui disponíveis ferramentas *low code* para automação de processos de negócio. As automações realizadas ainda possuem uma abordagem mais tradicional e demandam especialistas, ferramentas de mercado e/ou grandes linhas de código.

Figura 13.3. Modelo de maturidade para um Centro de Excelência em automação. Fonte: o autor.

Não há obrigatoriedade em atingir níveis de maturidade elevados, uma vez que cada empresa possui sua estratégia, que vai demandar um nível específico de maturidade a ser buscado.

14. Estabelecimento da visão de automação

Fernando Baldin

A estratégia de uma ação é por si só inerte e invisível aos olhos, mas pode ser sentida quando começa a gerar resultados. Quando falamos de iniciativa de tecnologia, que por si só já é abstrata, é importante termos um modelo mental que nos ajude a dividir as ações e assim compreender o todo pelo entendimento de cada parte envolvida. Para isso, sugiro o uso do modelo dos 3 Ps para serviços.

Um serviço pode ser definido como a interseção de três elementos: pessoas, processos e produtos, com o objetivo de resolver o problema do cliente.

Podemos representá-lo conforme segue:

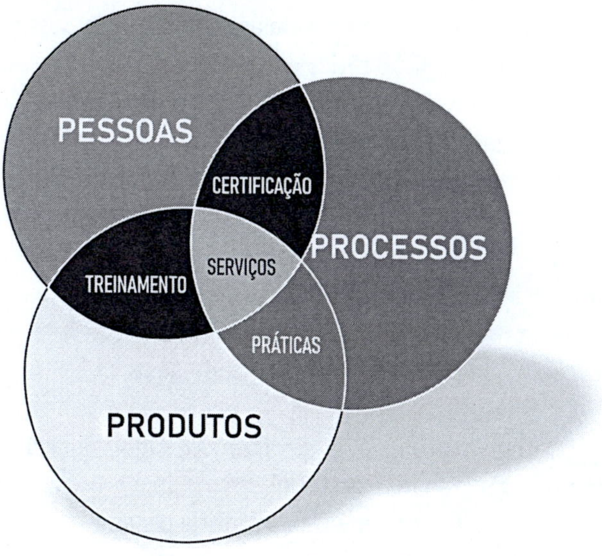

Figura 14.1. Pessoas, processos e produtos.
Fonte: o autor.

Os elementos-chave são:

- ✓ **Pessoas:** colaboradores, clientes e demais envolvidos na criação, entrega e avaliação do serviço.
- ✓ **Processos:** as atividades predefinidas (técnicas ou não) que devem ser seguidas para o bom andamento do trabalho.
- ✓ **Produtos:** as ferramentas de software, principalmente, mas também podem fazer parte peças, mobiliário ou demais partes necessárias para o bom andamento do serviço.

A jornada de automação respeita essa regra, que deve ser vista com base nesses três elementos. Evite transformar sua jornada em um projeto de compra de ferramentas – essa será a receita do fracasso. Entenda que os produtos fazem parte, mas existem também pessoas e processos que devem ser igualmente tratados para garantir o sucesso dessa iniciativa. O que ditará as diferentes abordagens será a estratégia adotada pela sua organização.

Estratégia

Como toda nova tecnologia, a automação vem acompanhada de um grande frenesi por parte das áreas de negócio, que anseiam pela aplicação rápida dessa tecnologia em seus processos. No entanto, essa visão tática e operacional pode desviar o verdadeiro propósito da adoção da automação dentro da companhia. No livro "O Verdadeiro Valor de TI" (2011), de Richard Hunter e George Westerman, os autores comentam sobre o desafio que as áreas de TI têm em provar seu valor ao negócio e definem dois critérios para que esse valor seja expresso: melhoria dos processos ou agilizar a tomada de decisão. Dentro desse espectro, acredito que as soluções de robotização podem agregar valor em ambas as frentes dentro de uma organização, mas o ponto crucial é começarmos dentro de um processo estruturado que seja guiado pela estratégia da organização e não pelas intenções de cada gestor.

Para garantir que a estratégia seja a guia nesse processo, sugerimos que a organização estabeleça um **plano estratégico institucional**, de modo a guiar as tomadas de decisão de toda a organização. É importante que a própria organização estabeleça uma visão de futuro e defina, de forma clara e para todos os seus *stakeholders*, o que está buscando e o caminho que será traçado para atingi-lo. É isso que direcionará as suas iniciativas de hiperautomação. Por exemplo, a estratégia organizacional pode apontar para um caminho de redução de custo operacional com *headcounts* no *backoffice* ou expansão da sua operação para outros países, mas sem aumento de *hedcount* ou até mesmo com aumento de *compliance* com normas externas.

Inicie sua jornada da automação construindo o seu *pipeline* da hiperautomação. Você com certeza já ouviu falar de *pipeline* de vendas, cuja função é dar uma visão macro à empresa sobre as oportunidades de negócio, representadas num funil, com o objetivo de focar o time de vendas nos clientes com maiores chances de fechamento no período. O *pipeline* de hiperautomação tem o mesmo conceito, só que aplicado à jornada da robotização. A partir dele será possível identificar todas as oportunidades de automação via plataformas de hiperautomação e direcionar as iniciativas de robotização alinhadas com a visão do seu negócio. Trataremos nos próximos capítulos das etapas de descobertas de processos candidatos e construção de *business cases*.

Uma vez entendido o conceito de priorização dos processos via *pipeline* de hiperautomação, começamos a dar um ar mais estratégico às iniciativas de robotização. O *pipeline* será o *roadmap* estratégico das iniciativas de robotização, centralizando e governando essas iniciativas no médio/longo prazo. É importante reforçar que o *pipeline* (e, consequentemente, o *roadmap*) citado é um documento vivo e que deve funcionar de forma ágil, abarcando possíveis mudanças nos ambientes internos e externos das organizações.

RPA é para todos?

Uma dúvida muito comum no mercado é quais organizações de fato seriam beneficiadas com o uso de ferramentas de robotização. Gosto de afirmar que tecnologia sempre pode ajudar, mas friso o termo **PODE**. A tecnologia por si só é somente uma peça em um quebra-cabeça estratégico na gestão de uma empresa; essa peça sozinha não completará o quebra-cabeça, mas sem ela a imagem nunca ficará completa.

Portanto, a necessidade de automação é inerente às empresas, principalmente no Brasil, onde temos um elevado índice de burocracia. A estratégia organizacional ditará a visão e o caminho, mas serão os demais planos estratégicos que pavimentarão o trajeto a ser seguido. É um desdobramento do plano estratégico institucional em um **plano estratégico/digital de TI** ou um **plano estratégico de marketing**, que guiarão o real uso da tecnologia na sua organização. Não há limitações quanto ao uso de tecnologias de hiperautomação por porte ou setor de empresas. Tudo dependerá da estratégia que será adotada. Uma pequena empresa com grande aporte financeiro, por exemplo, pode iniciar suas operações com processos altamente automatizados e de forma enxuta em termos de quantidade de funcionários.

15. Identificação de processos candidatos à robotização

Fernando Baldin

Durante a jornada de hiperautomação uma das dúvidas mais frequentes é: onde e como começar? Essa insegurança aliada à novidade tecnológica da RPA e suas tecnologias complementares faz com que muitas perguntas apareçam e a maioria delas sem uma resposta clara.

O primeiro passo é encararmos a adoção dessa tecnologia como uma jornada e não um projeto – nesse sentido, é importante que a empresa adote uma postura de longo prazo na criação e sustentação dos processos que serão robotizados. Por vezes no mercado tenta-se passar a sensação de que plataformas de automação são como os pacotes de automação de planilhas, editores de texto, apresentações – algo que o usuário usará pessoalmente, aprendendo ao longo do tempo, mas que o fará de forma isolada do contexto da companhia. No entanto, a prática tem mostrado que a adoção das plataformas de RPA requer uma estratégia de toda a empresa, conforme apontado no capítulo anterior. Imagine se ao longo do tempo todo mundo construir seu próprio robô e cada um começar a usá-lo nos principais sistemas da empresa? Como poderíamos garantir a integridade e a confiabilidade dessas aplicações se elas fossem bombardeadas de demandas paralelas?

Primeiro a estratégia, depois a ação

No capítulo anterior apresentamos como uma estratégia clara para sua organização é um fator importante para o sucesso de uma jornada de robotização. É através dela que um *pipeline* de hiperautomação será avaliado e um *roadmap* de robotização será estabelecido. Este capítulo apoiará nossos leitores na descoberta de bons processos candidatos à robotização, sugerindo algumas abordagens que podem ajudá-los nesse primeiro momento de descoberta.

A sugestão que damos é seguir um roteiro baseado em um modelo de perguntas objetivas que possam ser respondidas pelos profissionais envolvidos no processo e que permitam ao time de automação identificar as iniciativas que devem ser priorizadas na busca pelo ROI.

Os processos que nos interessam nessa primeira etapa da jornada são os repetitivos, padronizados e rotineiros; dessa maneira, conseguimos tirar melhor proveito das características do robô. Veja a seguir algumas características que podem ser úteis nesse mapeamento de processos e uma breve explicação sobre cada uma delas.

Item	Descrição
Padronização do processo	Qual o nível de padronização do processo avaliado? Buscamos processos com altos níveis de padronização.
Estabilidade do Processo	O quanto o processo sofre alterações, processuais ou sistêmicas, ao longo do tempo? Buscamos processos estáveis.
Entrada do processo	Defina o tipo de entrada do processo – se seria um arquivo Excel, PDF, um e-mail. O importante é mapear se a entrada é padronizada ou não, assim você consegue definir a melhor estratégia para a automação.
Gatilhos do processo	O gatilho do processo é a definição de qual evento iniciaria o processo ou se até mesmo a data e a hora serão esse gatilho para processos agendados, como, por exemplo, toda segunda às 8h00.
Volumetria	Qual o volume desta atividade por dia, mês e/ou ano? Por exemplo, são cadastradas 50 notas fiscais por dia.
Exemplo dos arquivos de entrada	É importante você receber exemplos que possam ajudá-lo na avaliação de viabilidade ou complexidade quanto a interações do robô. Nesse momento, você deve receber exemplos de diferentes notas fiscais a serem lidas pelo robô, por exemplo.
Tipos de arquivos de saída e suas extensões	Deve estar claro qual a saída do processo, de modo a avaliar a capacidade do robô de gerar tal artefato. Uma mensagem de sucesso do sistema, por exemplo, pode ser uma saída.
Aplicações envolvidas	Elencar todas as aplicações com as quais o robô irá interagir. Garantir a possibilidade de acesso a essas aplicações com usuários exclusivos aos robôs também é uma boa prática.
Sistema operacional	Em quais sistemas operacionais o robô deverá executar a atividade? O robô executará apenas em Windows? Ou é uma tarefa em servidores e o acesso será via Linux?
Possui uma versão de *browser* preferencial ou obrigatória	Algumas aplicações têm por característica só funcionar em um determinado navegador. Importante validar se a aplicação que se deseja automatizar tem algum tipo de restrição nesse sentido.
Tipo de aplicação	A ideia é classificar a aplicação em *web*, *client*, Java, *mainframe*, Linux, dentre outras categorias que você pode entender ser relevante.

Possui ambiente de homologação	Essa pergunta ajuda na construção do fluxo de automação. No entanto, pode ocorrer de o sistema que se está automatizando não ser de propriedade do cliente – nesse contexto, muitas vezes você terá que desenvolver estratégias para atuar em sistemas de produção na construção da automação, tornando-a mais complexa.
Número de telas de interação	Com quantas telas você deverá interagir no processo a ser automatizado? Por telas entendem-se abas ou páginas inteiras.
Campos a serem preenchidos	Quantos campos serão utilizados e/ou preenchidos na construção do robô?
Pontos de decisão	Qual o nível de complexidade e volume das decisões a serem automatizadas? Processos com decisões simples, seguindo regras *if-else*, são melhores candidatos para automações com RPA de primeira geração. Caso o processo demande decisões mais complexas, possivelmente se fará necessária a aplicação de mais tecnologias, presentes na RPA 2.0 e hiperautomação.
Possui *captcha*?	Existe algum tipo de elemento de *captcha* na atividade que se deseja automatizar? Se sim, é válido pensar em como resolver esse ponto dentro da sua plataforma de automação ou avaliar se é possível enviar e coletar dados via API.

É importante ressaltar que a lista anterior é uma sugestão inicial e cada organização deve criar seu próprio *checklist* para identificação de processos candidatos. O que apresentamos foi uma série de informações que já apoiarão o seu time de automação no entendimento não só da viabilidade para robotização, mas também da complexidade das automações em questão.

Uma alternativa já presente no mercado consiste na automação do processo de descoberta de processos candidatos. Existem soluções de *process mining* e *task mining* que já identificam os processos da sua organização por meio da execução pelos seus funcionários. Essas soluções já apontam uma série de informações sobre o processo, como os diferentes caminhos que ele segue, as telas com as quais há interação, o volume de dados que circula, quantidade de pessoas que o executam, o tempo de execução do processo etc. Esse é um bom caminho para empresas que buscam acelerar a robotização de seus processos, inclusive reduzindo humanos nessa tarefa.

16. Pontos de atenção e cuidados na definição de processos para robotização

Fernando Baldin

Como em toda tecnologia, a adoção de boas práticas de automação ajudará no atingimento de melhores resultados. O objetivo dessas recomendações é evitar que as empresas cometam os mesmos erros que já foram identificados no passado e assim cortar caminhos em sua jornada de automação.

Neste capítulo, iremos além das práticas já apresentadas no livro, apontando algumas características e pormenores importantes observados por especialistas em hiperautomação que você deve considerar. Essas recomendações percorrem desde o início do mapeamento dos processos até a sustentação destes em um ambiente de robotização. Cabe ao leitor adequar essas sugestões à sua realidade e adaptá-las para que, assim, obtenha o maior êxito possível no seu contexto de negócio.

Algumas recomendações gerais são aplicáveis a qualquer desafio de automação, mas serão trazidas ao contexto da RPA e hiperautomação. Mais do que mapear o processo que você vai trabalhar, é fundamental entendê-lo, para evitar o erro de reproduzir no robô a mesma forma como a atividade é feita pelo ser humano.

O segredo da automação de sucesso é conseguir extrair o melhor de cada um, robô e pessoas, e para isso devemos otimizar os processos à luz dessa nova forma de executar as atividades do dia a dia. É importante ter um novo olhar sobre como organizamos, estruturamos e medimos essas atividades. Evite vícios como controles excessivos, redundância de atividades e etapas de validação. Entenda que a automação vai produzir muita performance, controle e estabilidade, mas para tal é necessário termos em mente uma nova forma de trabalho.

1. Nem tudo é automatizável

A automação é mais uma ferramenta para a otimização dos processos, mas não é a única; portanto, ao iniciar a jornada, evite pensar que tudo deve ser automatizado. Isso não é verdade.

Identifique partes dos processos que podem ser automatizáveis e deixe com os humanos as partes que eles fazem melhor. Um contato com um cliente mais crítico ou uma abordagem mais humanizada podem ser bons exemplos de atividades que podem continuar sendo realizadas por humanos.

Além disso, para atingir os resultados buscados pela empresa, um simples redesenho do processo pode atender. Use todas as armas que você tem na mão quando o assunto é entrega de valor para o seu negócio. Nem sempre a automação será a melhor delas.

O segredo da automação de sucesso é conseguir extrair o melhor de cada um: robô e pessoas.

2. Comece pequeno e foque no aprendizado

Nos primeiros fluxos que a sua empresa for automatizar, o verdadeiro objetivo não deve ser o ROI (*Return on Investment*), e sim o aprendizado que a empresa terá ao mapear seu primeiro fluxo, entender as regras de negócios embarcadas dentro das atividades, interagir com suas aplicações internas de tal maneira que o robô possa desempenhar o serviço com estabilidade, identificar as possíveis exceções que podem surgir nesse tipo de trabalho etc. São todos esses pontos que de fato importam para o seu primeiro robô.

Não recomendamos que as empresas usem ferramentas cognitivas ou mais avançadas em seus primeiros processos com RPA, pois estas requerem um alto nível de entendimento tanto do processo quanto da tecnologia em si. A aplicabilidade das tecnologias cognitivas é indiscutível, mas isso não quer dizer que sua adoção seja simples.

3. Fale com quem executa o processo

Aliado ao item anterior, é importante salientar que é normal a existência de *gaps* entre como um processo de fato é feito e como a empresa e seus gestores acreditam que ele é feito. Para evitar essa lacuna, é importante que você realize o mapeamento com as pessoas que DE FATO executam o processo em questão. Nessa interação você poderá descobrir regras de negócios e rotinas que até então não eram percebidas pelo time de gestão da empresa.

Busque avaliar se existem diferentes pessoas executando o processo de diferentes formas. É preciso buscar um padrão de execução para repassar ao robô.

4. Priorize as automações de forma transparente

Após as primeiras iniciativas de automação começarem a mostrar seus frutos, naturalmente as áreas de negócios ficarão tentadas a aplicar essa tecnologia dentro dos seus departamentos. Isso pode desencadear uma corrida política dentro da empresa, pois cada gestor entende que seus processos são os mais críticos.

Nesse ponto é válido a empresa definir o que chamamos de ***pipeline* de automação** e estabelecer um **método de seleção de oportunidades de automação**. Ter o *pipeline* de automação apontando para todas as oportunidades de automação e um método para seleção de prioridades que estejam disponíveis aos gestores e corpo diretivo da sua organização é um dos principais pontos para que as decisões tomadas nesse contexto encontrem a menor resistência possível.

Tenha o controle sobre as oportunidades de automação e foque naquelas que melhor entreguem os ganhos previstos na estratégia da sua organização.

5. Comunique à empresa sobre iniciativas de robotização

Devido ao aspecto técnico da jornada da automação, tendemos a encará-lo como algo para os gestores de processos e a área de tecnologia. No entanto, a automação abrange todas as camadas da companhia. Por isso é fundamental que todos conheçam e contribuam para essa nova forma de trabalho.

A comunicação é um dos principais pontos para apoiar a mudança organizacional e gerar engajamento na empresa para a utilização dos robôs. Essa comunicação serve para explicar o que será feito com a tecnologia, mostrar os benefícios da automação para a empresa e os colaboradores, contextualizar a importância dessa ação frente aos desafios de negócio e sensibilizar a camada de liderança e os demais colaboradores, que passarão a ter robôs como companheiros de trabalho.

6. Prototipagem

Quando a incerteza sobre a capacidade de automação de uma oportunidade é grande, sugerimos que sejam realizados protótipos para a automação em questão. Isso lhe permitirá entender o nível de complexidade e viabilidade envolvido no desafio em questão, apoiando na definição de *go/no go* para tal oportunidade.

Em alguns casos, por exemplo, a interação do robô com telas de sistema deverá ser realizada por meio de reconhecimento de imagem ao longo de todo o processo, podendo gerar uma complexidade e riscos altos para a iniciativa. Portanto, nesse exemplo, seria interessante criar um protótipo que simulasse a interação do robô com as telas do sistema em questão.

7. Abordagens ágeis e evolutivas

A RPA e diversas tecnologias de automação são ótimas soluções a serem tratadas de forma evolutiva e ágil. Crie os *pipelines* de automação e vá expandindo em fases, gerando automações em curto prazo que entreguem valor para o seu negócio.

Não é necessária a automação de um processo em formato *big bang*. Automatize inicialmente tarefas em um processo. Evolutivamente, vá incluindo os robôs nas demais tarefas. Evolua o nível de automação desse processo com novas tecnologias futuramente. Vá incluindo os robôs em sua operação de forma paulatina, mudando a cultura da área de negócio que está recebendo seu novo trabalhador digital aos poucos e com baixo risco.

17. Medindo oportunidades e estruturando um *business case*

Kelly Sganderla
Lucia Rakauskas

Um ponto importante quanto aos projetos de robotização e demais projetos de tecnologia está relacionado à sensibilização do *board* da empresa e a disponibilização de investimentos para início da jornada de robotização. Esse trabalho é árduo e a sua jornada de robotização estará competindo por recursos com diversas outras oportunidades dentro da sua organização.

O objetivo dessa etapa apresentada pelo livro é apoiá-lo na defesa junto ao seu *board* executivo. O principal artefato para tal é o *business case*, onde deve-se apresentar o *roadmap* esperado para o trabalho, o retorno esperado e alinhado aos objetivos da sua organização, os riscos associados e, por fim, o investimento a ser feito.

Colocaremos um maior foco nas métricas para comprovação de retorno, deixando o restante da estrutura do *business case* para modelos de mercado como *PMBOK® Guide*, COBIT® e ITIL®.

Avaliando retorno para RPA e hiperautomação

Apesar de RPA ser uma tecnologia de adesão relativamente fácil (em pouco tempo é possível ter automações simples sendo executadas e liberando as pessoas do trabalho robótico e repetitivo), é preciso entender que nem toda oportunidade identificada para automação é adequada para RPA ou suas tecnologias complementares.

Trabalhos de baixo volume de casos (que tenham poucas execuções por mês), com baixo esforço (alguns minutos ou segundos a cada execução manual) e com baixa curva de aprendizado (qualquer um pode rapidamente aprender a fazer), dificilmente justificarão o esforço de desenvolver o *script* de automação e manter um robô disponível.

Mesmo que à primeira vista uma oportunidade pareça valer a pena, é preciso transformar a ideia em números para poder compará-la com outras ideias, possibilitando classificá-las e priorizá-las.

Assim, é importante saber dimensionar cada oportunidade em termos de ganhos e de esforço para se construir e manter, e então avaliar se a solução robotizada é a opção adequada.

Como vimos ao longo desta parte do livro, é importante avaliar, analisar e priorizar as oportunidades presentes no *pipeline* de hiperautomação, garantindo que os ganhos estimados para cada uma delas estejam em linha com a visão estabelecida para a jornada de robotização, que deve estar alinhada à perspectiva estabelecida para a empresa.

Aqui, abordaremos algumas métricas que podem ser utilizadas para avaliar e comparar oportunidades de automatização.

Métricas para comparar alternativas de RPA

Conforme o objetivo de cada organização, é importante o estabelecimento de critérios de avaliação das oportunidades identificadas. Neste capítulo traremos alguns exemplos e métricas que podem ser utilizadas. No entanto, sugerimos que cada empresa monte a sua abordagem e seus próprios modelos de cálculo para estimativas de ganho com base em seus objetivos específicos.

Iniciaremos com algumas métricas quantitativas que podem apoiá-lo na comprovação de retorno dos projetos de robotização.

Volume de horas humanas devolvidas ao negócio

Uma primeira métrica que pode estar em linha com o que a sua organização busca é referente ao volume de horas humanas devolvidas ao negócio por meio da utilização dos robôs. O objetivo desta métrica não é estimular demissões, mas gerar visibilidade aos decisores desse processo quanto ao potencial de liberação de horas humanas para execução de atividades que demandem maior capacidade cognitiva e que entreguem maior valor ao seu negócio.

Nesse momento, é importante identificar as atividades dos processos que serão executadas por robôs e aquelas que continuarão a ser executadas por humanos.

Redução de custos com FTEs

O custo da hora do robô costuma ser menor se comparado ao custo das horas humanas. Podemos estimar que o valor da hora de um robô é seis vezes menor que a de um humano. Além disso, regras de hora extra, adicional noturno e sobreaviso não são aplicáveis.

Conseguir apresentar a redução de custo que a aplicação de um robô em um processo pode gerar para aquele processo é um dos caminhos sugeridos para comprovação de retorno, caso seja o objetivo da sua organização.

Ao unirmos a primeira métrica sugerida a esta, conseguimos, também, correlacionar os valores à diminuição de necessidades de novas contratações ou aumentos de *headcount*.

Payback

Payback é um indicador financeiro que representa o tempo de retorno de um investimento.

Reforçamos que esse não deve ser o único direcionador para as decisões. Segundo sugestões de especialistas, deve-se balancear uma visão de retorno financeiro com riscos, aprendizados, mudanças culturais e outros aspectos das iniciativas de robotização.

Performance do processo

Um robô executa uma tarefa em uma velocidade até cinco vezes maior que a de um humano. Um dos ganhos que pode ser perseguido está relacionado a um melhor *lead time* para o processo em questão. É claro que esse tipo de ganho depende de diferentes variáveis, além da alta capacidade do robô na execução das tarefas que devem ser consideradas na construção dessa métrica, como o tempo de resposta dos sistemas envolvidos, por exemplo.

Nesse caso, sugerimos que seja construído um protótipo ou que, pelo menos, o robô seja testado nos sistemas com os quais irá interagir. Dessa forma, as estimativas serão mais objetivas e o *business case* refletirá com maior acurácia os resultados esperados com a automação em questão.

Além das métricas quantitativas sugeridas, apresentamos alguns ganhos qualitativos que também podem ser considerados.

Redução de riscos

A natureza dos robôs já remete à redução de riscos trabalhistas, uma vez que o robô trabalhará 24/7, não terá férias e não processará sua organização quando for desligado.

Além disso, o aumento de padronização dos processos, gerando maior garantia de aderência às possíveis regulamentações externas, maior grau de segurança dos dados tratados, maior performance na execução das atividades e registro de *log* de todas as atividades do robô, possibilita uma redução de riscos diversos em sua organização.

A análise quantitativa de riscos tende a ser mais complexa, apesar de possível. Sugere-se que, em um primeiro momento, ela seja tratada como um elemento qualitativo, apontando os tipos de riscos que serão mitigados ou tratados a partir do uso dos robôs.

Satisfação do cliente e empregado

Os robôs podem ser utilizados para tratar desafios identificados ao longo da jornada do cliente ou empregado da sua organização.

A combinação de *chatbots* para interação com clientes, inteligência artificial, motores de regras para tomadas de decisões complexas em tempo real e a RPA para a execução das atividades relacionadas ao processo pode tornar diferenciada a experiência do seu cliente nos pontos de contato com sua marca, gerando um aumento no grau de satisfação e indicadores de NPS.

Por outro lado, o empregado da sua organização, ao ser liberado de tarefas manuais e repetitivas, ganhando certa liberdade no seu dia a dia para construir suas próprias automações e tendo seu trabalho mais reconhecido pela camada de gestão, além de ser mais apreciado a partir de tarefas que gerem maior valor ao negócio, terá sua satisfação impactada positivamente.

Essa também é uma métrica difícil de se projetar, uma vez que a satisfação humana não é previsível. No entanto, é simples de se medir e avaliar futuramente a partir de métricas de NPS e eNPS, além de taxas de *turnover* na sua organização.

Volume de trabalho: quantidade de vezes por mês/ano que o trabalho é executado

Obtenha a quantidade de vezes que o trabalho é executado mensalmente.

Algumas atividades são executadas por um longo período, mas apenas uma ou duas vezes ao mês. Outras são feitas muitas vezes ao dia.

Entender o volume e a periodicidade (diária, semanal, mensal...) ajudará a entender como o trabalho precisará ser processado pelo robô.

Como medir e calcular as métricas apresentadas?

A seguir apresentaremos algumas sugestões e direcionamentos para que nossos leitores possam realizar os cálculos necessários para as projeções de ganho apresentadas anteriormente.

Iniciaremos mostrando algumas variáveis que irão compor esse método.

Esforço manual: horas despendidas por mês/ano com a execução manual

Procure obter o número de horas que a(s) pessoa(s) passa(m) executando a atividade mensalmente. Algumas atividades são feitas por alguns minutos todo dia, outras consomem dias inteiros.

Se o trabalho for realizado por mais de uma pessoa, procure coletar os tempos gastos por cada uma na execução do trabalho.

Sempre que possível, verifique se existe algum sistema que coleta essa medição automaticamente. Caso não exista, alinhe com as pessoas que executam qual seria uma média mensal ou meça o *lead time* do processo a partir do acompanhamento da sua execução.

Leve em consideração também:

- ✓ se existe sazonalidade (alguns meses têm maior volume de trabalho que outros);

- ✓ se existe variação nos casos (alguns casos são muito mais simples que outros);
- ✓ se existe variação entre os executores (algumas pessoas são mais rápidas que outras).

Custo do trabalho manual: custo dos recursos gastos por mês

Obtenha o valor-hora do trabalhador humano que executa o trabalho atualmente. Esse valor normalmente é calculado pela equipe de contabilidade, pois não considera apenas o salário, e sim todos os custos trabalhistas envolvidos na posição da pessoa.

Com o valor-hora, é possível calcular o custo atual do processo, multiplicando-o pelo esforço manual, como apresentado antes.

O custo de execução é uma medida importante para demonstrar como a organização poderá economizar financeiramente com a implementação do robô. Quanto mais caro o custo da execução manual, mais interessante será o investimento na automatização, pois poderá gerar um grande ganho financeiro.

Nota: por se tratar de uma informação sensível (a remuneração das pessoas na empresa), este pode ser um cálculo difícil de se obter. Se não for possível obter o valor da hora de trabalho exato do colaborador executor da tarefa, avalie com a organização faixas de valores que possam ser usadas para diferentes níveis hierárquicos (ex.: auxiliar, assistente, técnico, analista, gerente, diretor...). Isso possibilitará obter um cálculo aproximado.

Custo da operação manual: outros custos envolvidos na execução manual

Além do custo do trabalho humano, pode haver outros custos relacionados à execução do processo que poderão ser eliminados com a automação. Procure identificar se, nos processos avaliados, existem outras despesas relacionadas, como:

- ✓ Trabalho terceirizado.
- ✓ Licenças de software específicas.
- ✓ Taxas e multas decorrentes da ineficiência do trabalho humano.

Full-Time Equivalent: a equivalência do trabalho humano integral

FTE (*Full-Time Equivalent*) é uma métrica aplicada em indicadores econômicos internacionais, utilizada por organizações como a OCDE (Organização para a Cooperação e Desenvolvimento Econômico) (OECD, s.d.) e UE (União Europeia) (EUROSTAT, 2020), e consiste na equivalência do tempo integral de um empregado que realiza um trabalho. Nesta métrica, FTE = 1 representa um mês inteiro de trabalho de uma pessoa; 0,5 significa metade de um mês de trabalho e assim por diante.

No contexto da automatização/robotização de tarefas, o FTE pode ser usado para estimar quantos trabalhadores humanos poderão ser reduzidos/economizados, medindo o esforço manual em unidades de tempo integral de um profissional (SGANDERLA, 2020a).

Normalmente, o cálculo é realizado sobre uma jornada média de 160 horas/mês, ou seja, 4 semanas de 40h de trabalho. Essa métrica pode ser adequada à jornada de trabalho adotada na empresa (SGANDERLA, 2020a).

A partir da identificação do esforço manual, é possível obter o FTE da atividade. Para isso, divida o esforço manual do trabalho pelo número de horas da jornada de referência.

Por exemplo (dados fictícios):

- ✓ Considere uma atividade em que o esforço mensal atual é de 12 horas/mês. Teremos: FTE = 12/160 = 0,075. Ou seja, se esta tarefa for automatizada, ela reduzirá muito pouco da jornada de um trabalhador integral.
- ✓ Considere uma atividade em que o esforço mensal atual é de 200 horas/mês. Teremos: FTE = 200/160 = 1,25. Ou seja, se esta tarefa for automatizada, ela deverá liberar a jornada de um trabalhador integral e mais 1/4 de outro trabalhador.

Note como o FTE fornece uma nova perspectiva sobre a redução de trabalho humano.

Pontuação de ganhos estratégicos: transforme ganhos qualitativos em quantitativos

Existem benefícios da robotização que, como vimos, são difíceis de estimar.

Uma automatização que lê e valida dados de documentos enviados pelo cliente pode não ter um FTE ou uma redução de tempo tão grande, mas poderia representar uma melhoria estratégica da experiência do cliente, não? E uma automatização que monitora e-mails enviados para o serviço de atendimento, classifica a prioridade de acordo com o tom da mensagem do remetente e responde automaticamente às mensagens comuns?

Você pode **sentir** que estas são boas formas de melhorar o relacionamento com os clientes e por isso seriam interessantes para a iniciativa de automação, mas a questão é: podemos medir e comparar o nível de contribuição dessas atividades à experiência do cliente?

A pontuação de ganhos estratégicos pode ser uma forma de mensurar o quanto uma automatização poderá contribuir para a organização no atingimento de outros objetivos além da redução de trabalho humano e de custos.

Para definir uma pontuação de ganhos estratégicos, identifique outros possíveis objetivos para a iniciativa de RPA que possam estar conectados aos objetivos estratégicos da empresa.

Por exemplo:

- ✓ Melhoria da experiência do cliente
- ✓ Redução do tempo de resposta
- ✓ Aumento da lucratividade
- ✓ Transformação digital
- ✓ Reforço da marca
- ✓ Redução de erros operacionais
- ✓ Aumento da agilidade operacional

Defina pesos (por exemplo: de 1 a 3, sendo 1 a pontuação para os objetivos menos importantes e 3 para os mais críticos).

Determine uma escala de contribuição (por exemplo: de 0 a 5, onde zero = "não contribui", 1 = "contribui muito pouco" até 5 = "contribui muito").

Ao analisar uma oportunidade de automatização, avalie a sua posição na escala de contribuição para cada objetivo definido. Calcule sua pontuação combinando a escala e o peso.

Isso possibilitará identificar oportunidades que, mesmo que não apresentem um FTE ou redução de trabalho significativos, possam ter um papel estratégico para a empresa.

Como priorizar processos candidatos à robotização

A identificação dos potenciais processos candidatos à robotização nos diversos departamentos das organizações pode gerar longas listas desorganizadas no formato de um *pipeline* de hiperautomação, e aí surge uma grande questão: como priorizar os processos identificados?

Não existe uma resposta única, pois isso depende da estratégia da empresa. É possível priorizar processos com base no valor dos benefícios e em seu retorno de investimento (ROI) ou concentrando-se nas oportunidades de maior potencial de sucesso e impacto.

Uma avaliação padronizada e metodológica pode ser de fundamental importância, uma vez que estabelece um conjunto de critérios para agilizar a priorização e torna o processo imparcial, ficando mais fácil de justificar o porquê de determinado processo ser prioritário em relação aos demais. Dessa forma, tornamos mais objetivas as escolhas dos investimentos da TI em sua organização.

A análise deve levar em consideração vários fatores, como, por exemplo, complexidade de construção, economia de tempo em relação ao processo manual, redução de taxas de erro, custo de implantação e operacionalização, grau necessário de especialização na operação atual, necessidade de melhoria do processo antes da automatização, entre outros. Os critérios utilizados são específicos de cada organização, conforme estratégia estabelecida. No entanto, de maneira geral, recomendamos estabelecer uma matriz complexidade x retorno.

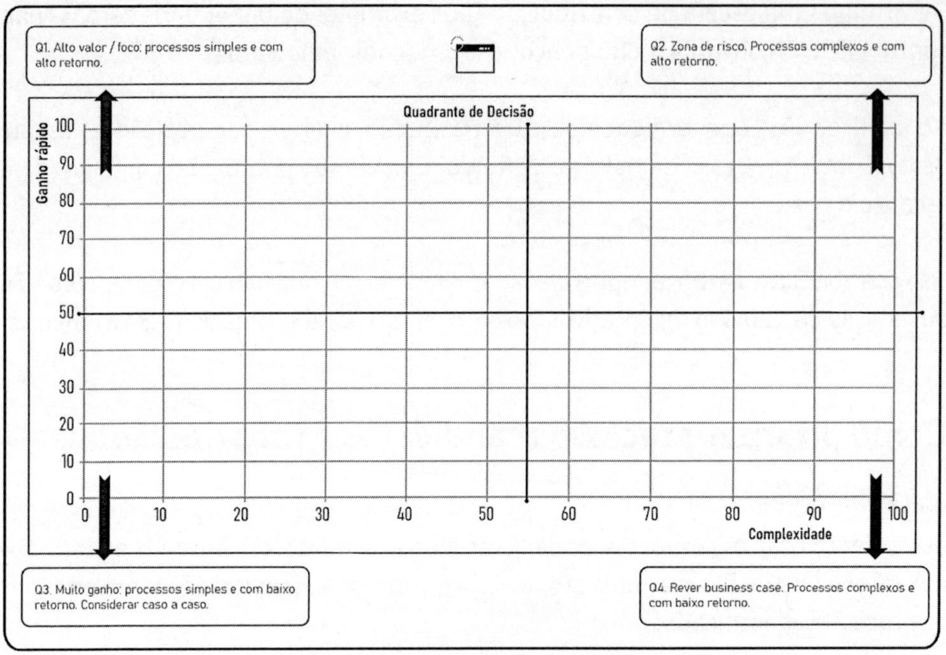

Figura 17.1. Matriz complexidade x retorno
Fonte: as autoras.

Mesmo após a análise detalhada e o processo selecionado atender à maioria dos critérios de priorização, pode acontecer de não ser satisfatória a relação entre custo e benefício. Fazendo uma análise da matriz exemplo apresentada na Figura 17.1, oportunidades que sejam plotadas no quadrante quatro apresentam um alto grau de complexidade na sua implantação e um baixo retorno. São oportunidades que vão para o final da fila e dificilmente serão tratadas em um primeiro momento. Já oportunidades plotadas no quadrante um apresentam baixa complexidade e um alto retorno, representando *quick wins* e sendo as prioridades do momento. Os demais quadrantes representam oportunidades que terão sua avaliação feita de forma mais tácita. Caso uma oportunidade tenha uma alta complexidade e um alto retorno, mas representa uma obrigatoriedade legal, pode ser que ela tenha sua prioridade aumentada durante esse processo decisório.

Como estruturar um *business case*

É fácil perceber os ganhos que podemos obter pontualmente ao robotizar atividades – e, como vimos, existem várias formas de quantificá-los.

Entretanto, manter uma plataforma de RPA pode representar um investimento significativo para uma organização, pois requer: alocação de equipamentos (físicos ou virtuais), licenciamento da plataforma, treinamentos e o próprio esforço de transformar cada ideia de processo descoberto em uma automação. Mais do que isso, há também custos relacionados à sustentação, ao monitoramento e à manutenção do *script* de execução da robotização (que, dependendo do caso, pode requerer trabalho de ajustes a curto ou médio prazo).

Esse investimento todo precisa ser dimensionado e avaliado, de forma a apontar os ganhos reais que teremos entre despesa e economia. Essa avaliação é realizada através dos cálculos de retorno do investimento (ROI).

Comumente, antes mesmo de iniciar qualquer aquisição ou investimento, é necessário fazer um planejamento estruturado que será apresentado à liderança executiva da empresa para que tome a decisão sobre qual plataforma adquirir, qual modelo (*on premises*[8], *on cloud*[9] ou híbrido?) e qual estrutura a empresa manterá para produzir e sustentar o funcionamento dos robôs (será um time interno ou será terceirizado?).

Para convencer a liderança da organização a adotar a automação de processos robóticos, será necessário transformar as ideias em números que apresentem os custos, os ganhos e o retorno que a empresa terá sobre o investimento.

Esse planejamento costuma ser estruturado na forma de um *business case*.

Segundo o *PMBOK® Guide* (PMI, 2017), o *business case*, ou caso de negócio, fornece as informações necessárias do ponto de vista de um negócio para determinar se o projeto justifica ou não o investimento.

Para estruturar o *business case*, traremos alguns exemplos relacionados à redução de custo.

---

[8] A expressão "on premises" (em português, "no local") é comumente adotada entre fornecedores de tecnologia para indicar uma instalação de um software ou plataforma na infraestrutura de hardware e software da própria empresa cliente.

[9] A expressão "on cloud" (em português, "na nuvem") é comumente utilizada entre fornecedores de tecnologia para indicar que a solução é oferecida como um serviço e a infraestrutura de hardware e software necessária é de responsabilidade do próprio fornecedor.

1. Levante os custos

Obtenha uma visão clara dos custos de implantar e sustentar a plataforma RPA a ser adotada, assim como os custos atuais do processo, tais como:

- ✓ Custos de infraestrutura
  - Custo do(s) servidor(es) onde será implantado o centro de controle
  - Custo da licença da plataforma
  - Custo da licença adicional de robôs assistidos/não assistidos
  - Custo da máquina (física ou virtual) para cada robô não assistido

Transforme o custo da infraestrutura em um custo mensal e custo por hora de execução do robô.

- ✓ Custo do trabalho
  - Custo HH (hora-homem) dos profissionais envolvidos no desenvolvimento (analista, desenvolvedor, testador)
  - Custo mensal da equipe de sustentação (aquelas pessoas que monitoram os robôs e acionam as ações de contingência para o negócio não parar!)
  - Custo HH dos profissionais envolvidos na execução manual do processo

Por exemplo (dados e moeda fictícios):

- ✓ Considere que o custo total de infraestrutura seja de $ 36.000 por mês contendo inicialmente 3 robôs não assistidos.
- ✓ Considere que a empresa terá uma equipe de sustentação permanente com um custo de $ 8.640 por mês.
- ✓ Considere o custo dos serviços de implantação da automação de $ 100.000.
- ✓ Considere o custo atual da equipe de execução do processo de $ 96.000 por mês, considerando 5 FTEs consumidos.

O custo atual e anual do processo é de $ 1.152.000. O custo futuro e anual do processo robotizado será de $ 535.680 + $ 100.000 de implantação da automação.

Nesse processo, vemos que um robô autônomo pode trabalhar até 720 horas em um mês, e assim temos: ($ 10.800 + $ 8.640) / 720 / 3 = $ 20,6/hora/robô, comparadas às $ 120/hora/humano.

2. Determine as projeções de ganho com base nos custos de propriedade

Realize uma avaliação prévia das principais oportunidades já identificadas que poderiam ser implementadas nos primeiros dois anos de utilização da RPA. Para cada uma:

- ✓ Calcule o custo atual mensal da execução manual
  - Horas de trabalho dedicadas à tarefa x valor hora dos envolvidos
  - Taxas ou multas pagas em função de problemas ocasionados pelo processo ser executado manualmente
  - Outros custos (por exemplo, se o trabalho é em todo ou em parte terceirizado)
- ✓ Calcule quanto custará para ter o robô rodando o mesmo trabalho mensalmente (quantas horas o robô deverá gastar realizando a atividade x custo de execução por hora do robô).
- ✓ Estime um esforço mensal ou anual para ajustes ou melhoria contínua (pode variar de poucas a muitas horas em sustentação e alteração de *scripts*, dependendo dos sistemas utilizados pelo robô para executar a tarefa).

Por exemplo (dados e moeda fictícios):

Tarefa – Cadastrar itens

- ✓ Esforço mensal atual: 200 horas/mês
- ✓ Custo HH das pessoas que executam essa tarefa: $ 25
- ✓ Custo mensal do trabalho manual: $ 5.000 (ou seja, 200 * $ 25)

Suponhamos que a estimativa é de que o robô possa executar o mesmo trabalho em 65% do tempo atual (considerando lentidão de páginas, tratamento de dados etc). Com isso, o esforço mensal do robô será de 35% do tempo atual, ou seja, 70 horas por mês (200 * 35%).

No passo anterior, calculamos o custo da hora do robô em $ 20,6.

Logo, mensalmente, o robô custará $ 1.442, ou seja, 70 * $ 20,6.

Vamos considerar também que a cada três meses pode ser necessário um dia de trabalho da equipe de desenvolvimento para fazer correções ou melhorias no *script*, levando a quatro investimentos trimestrais de $ 960 (8 horas x $ 120). Podemos prever, nesse exemplo, com base nos custos levantados anteriormente, uma redução de custo mensal de $3.558.

3. Determine a viabilidade técnica e o esforço de implantação de cada robotização

Para cada processo avaliado:

- ✓ Verifique as características das atividades a serem automatizadas e considere se há pontos que dificultem ou inviabilizem a inclusão do processo no *business case*. Verifique de forma técnica se a RPA e suas tecnologias complementares são a melhor opção para o desafio de automação em questão.
- ✓ Dimensione a complexidade da implementação do *script* do robô avaliando quantas semanas de trabalho serão necessárias para construí-lo.
- ✓ Calcule o custo de implementação considerando o custo HH dos profissionais envolvidos no desenvolvimento.

Por exemplo (dados e moeda fictícios):

Tarefa – Cadastrar itens

- ✓ Esforço estimado para implantação: 4 semanas (20 dias)
- ✓ Custo HH da equipe de desenvolvimento: $ 120
- ✓ O custo de implantação é de $19.200 ($ 120 * 20 dias * 8 horas cada dia)

4. Calcule o retorno sobre o investimento (ROI) e o *payback*

Para a construção do *business case*, considere os diferentes cenários de priorização realizados, buscando aquele que traga menor risco e esforço e maior retorno para sua organização. O *business case* já deverá apresentar o *roadmap* da robotização a ser trabalhado nos próximos anos. A partir das análises individuais de cada processo realizadas anteriormente, parte-se para a escolha daqueles que balanceiam bem risco, complexidade e retorno.

Nesse momento, na construção do *business case*, a avaliação de retorno será em cima das oportunidades de automação priorizadas que tragam uma visão consolidada da jornada de robotização.

Alguns direcionamentos para a construção dessa visão de retorno que comporá o *business case*:

- ✓ Descontando o custo mensal do robô que não será consumido pelos processos em questão, avalie quanto a empresa economizará num prazo de um a dois anos (algumas empresas chegam a projetar até cinco anos à frente).

✓ Determine o *payback*. Em quantos meses de execução do robô o projeto se paga, retornando o investimento que está sendo solicitado nesse momento por meio das economias realizadas mensalmente?
✓ Apresente as oportunidades existentes a partir dos tempos ociosos de robô, se aplicável.

Por exemplo (dados e moeda fictícios):

Tarefa – Cadastrar itens

✓ Custo atual do trabalho manual (calculado no passo 2):
- mensal: $ 5.000
- anual: $ 60.000 (ou seja, 12 x $ 5.000)

✓ Custo do trabalho robotizado (calculado no passo 2):
- mensal: $ 1.442
- anual: $ 17.304 (ou seja, 12 x $ 1.442)

✓ A economia obtida com a automação do trabalho será:
- mensal: $ 3.558 ($ 5000 – $ 1.442)
- anual: $ 42.696 ($ 60.000 – $ 17.304)

Investimento de *setup* (calculado no passo 3): $ 19.200

Projetando o retorno do investimento:

Ano 1 (1º semestre)	*Inicial*	*Mês 1*	*Mês 2*	*Mês 3*	*Mês 4*	*Mês 5*	*Mês 6*
Investimento	*-$ 19.200*			*-$ 960*			*-$ 960*
Economia		*$ 3.558*	*$ 3.558*	*$ 3.558*	*$ 3.558*	*$ 3.558*	*$ 3.558*
Saldo		*-$ 15.642*	*-$ 12.084*	*- $9.486*	*-$5.926*	*-$ 2.370*	*$ 228*

Ano 1 (2ºsemestre)	*Semestre anterior*	*Mês 7*	*Mês 8*	*Mês 9*	*Mês 10*	*Mês 11*	*Mês 12*
Investimento				*-$ 960*			*-$ 960*
Economia		*$ 3.558*	*$ 3.558*	*$ 3.558*	*$ 3.558*	*$ 3.558*	*$ 3.558*
Saldo	*$ 228*	*$ 3.786*	*$ 7.344*	*$ 9.942*	*$ 13.500*	*$ 17.058*	*$ 19.656*

Como podemos perceber, o *payback* desse projeto se dará no sexto mês, quando finalmente o investimento inicial se pagar: o saldo negativo vira positivo e os meses seguintes serão de economia.

O ROI ao final de um ano, para este exemplo, será de $ 228.

No final de dois anos, deverá ser de $ 19.656.

Considere que essa é uma visão simplificada do cálculo para fins de entendimento.

Você poderá também incluir na avaliação:

- ✓ outros custos relacionados especificamente ao cenário de RPA da organização;
- ✓ um eventual parcelamento do custo de implantação (especialmente se for trabalhar com fluxo de caixa no *business case*);
- ✓ uma verificação de que a margem da economia é pequena e talvez o custo de implementação só venha no segundo ano;
- ✓ maior volume de automações no *roadmap* para alavancar a projeção de ganho;
- ✓ redefinição da estratégia de implantação para potencialização do ganho (seja diminuindo a complexidade ou os custos da automação em questão).

Algumas organizações também utilizam o cálculo de valor presente para estimar com maior precisão os valores financeiros envolvidos.

Aqui, a título de demonstração, calculamos o ROI e o *payback* de uma única oportunidade a ser automatizada, mas, logicamente, como dito anteriormente, para valer o investimento na plataforma, precisamos otimizar o uso do robô executor, automatizando todas as tarefas que forem possíveis. Nesse momento, estabeleça uma análise considerando a jornada de robotização selecionada.

5. Prepare uma apresentação matadora para o *business case*

Estruture uma apresentação que cubra os seguintes passos:

1. Explique rapidamente a tecnologia (arquitetura) e sua aplicabilidade.
2. Comente os pontos fortes e ganhos intangíveis que podem ser obtidos com RPA.
3. Apresente os critérios utilizados para escolher e avaliar os processos.
4. Explique o método de cálculo aplicado e as premissas adotadas.
5. Planeje um cronograma para a jornada de robotização consistente com a capacidade do seu time (ou da fábrica contratada).
6. Apresente as estruturas organizacionais que precisam ser criadas ou desenvolvidas (centro de excelência em processos, definição de processos, papéis e responsabilidades, formação e treinamento de equipe).

7. Demonstre a previsão de investimento e de retorno esperado nos próximos meses e anos.
8. Leve *benchmarks* de mercado e *cases* de empresas que tiveram sucesso com o uso da tecnologia.

E, sobretudo, seja consistente com os números e construa um *storytelling* coerente.

Escolhendo a melhor plataforma de hiperautomação

Fazer uma prova de conceito (POC) pode ser uma boa estratégia para avaliar e validar diferentes plataformas de automatização com o objetivo de verificar quais são as que mais atendem às necessidades da organização em termos de integração, operação e produtividade com as tecnologias já utilizadas pela empresa. Além disso, é muito importante que a plataforma a ser selecionada esteja aderente aos critérios de governança, segurança e privacidade das informações.

Para isso, pode-se utilizar um processo previamente selecionado e priorizado, comparando-se posteriormente as performances de cada plataforma na automatização desse processo. Ele pode ser analisado e revisado antes da prova de conceito através da identificação de possíveis melhorias no processo atual (*AS-IS*), chegando-se ao processo otimizado (*TO-BE*).

A participação ativa dos envolvidos no processo, inclusive contribuindo com sugestões de melhorias e otimização, ou avaliando os resultados após a automatização, pode trazer ganhos significativos durante o planejamento e a execução da POC. A presença do dono do processo é fundamental nesse momento.

No pior cenário, pode-se chegar à conclusão de que a automatização não trará nenhum benefício que justifique a sua implementação ou até mesmo identificar que as plataformas de automação utilizadas na POC não são adequadas para as necessidades da empresa.

Por outro lado, em caso de sucesso na POC com a comprovação dos benefícios, será viável negociar e buscar investimentos através das evidências geradas durante a documentação dos resultados, trazendo clareza para a organização de que a adoção da automatização agregará valor ao negócio.

Seguem as etapas necessárias para elaborar uma boa prova de conceito:

1. Selecionar processo ou funcionalidade a ser testada e definir os objetivos a serem alcançados com a sua automatização.
2. Identificar no mercado quais fornecedores de ferramentas de automatização são elegíveis para uso na POC.
3. Identificar os recursos necessários para utilização da plataforma de automatização selecionada, tais como: infraestrutura de tecnologia adequada, necessidade de investimento em segurança, contratação de novos colaboradores com perfis diferentes dos existentes atualmente na organização.
4. Definir as métricas de sucesso.
5. Experimentar a implementação e execução da automatização.
6. Avaliar resultados.

A escolha do processo a ser validado é muito importante. Ele deve permitir avaliar funcionalidades da plataforma para atender às necessidades da organização, como, por exemplo, capacidade de ler diferentes formatos de documentos, habilidade de operação dos sistemas já utilizados pela empresa, assim como ler e-mails, classificar e identificar os anexos recebidos, gerar informações de performance do processo comparando o tempo de execução manual x execução pelo robô, entre outras.

18. Preparação do processo para automação

Mikael Schirru
Pedro Akiama
Gilberto Strafacci

Após a definição da sua jornada de robotização e seleção das oportunidades de automação, parte-se para o início técnico dessa jornada.

Tipicamente, durante a fase de preparação do processo para automação, são referenciadas filosofias de gestão e metodologias para melhoria de processos, em especial o ***Lean Thinking***.

Lean Thinking ou pensamento enxuto é uma metodologia de negócios que visa fornecer uma nova maneira de organizar as atividades humanas para entregar mais benefícios para a sociedade e valor para os indivíduos, eliminando desperdícios. O termo "pensamento enxuto" foi cunhado por James P. Womack e Daniel T. Jones para capturar a essência de seu estudo aprofundado do lendário ***Toyota Production System***. O *Lean Thinking* é uma forma de pensar sobre os processos e identificar os desperdícios gerados inadvertidamente pela forma como os processos são organizados.

Assim, o objetivo do ***Lean Thinking*** é criar processos eficientes, eficazes e enxutos, sem desperdício, que permitam o fluxo constante de entrega de valor.

Vale lembrar que nem todo processo é um bom candidato para automação. À luz do *Lean Thinking*, devemos avaliar alguns aspectos do processo candidato:

1. **Gargalo:** em toda a cadeia de valor, o processo gargalo é o principal candidato à automação, uma vez que a capacidade nesta etapa do processo determina o fluxo de todas as etapas anteriores e posteriores.
2. **Estabilidade:** um processo estável e capaz, com baixa variação, é um candidato apropriado para automação porque seu comportamento pode ser previsto e, portanto, sua lógica de processamento pode ser projetada e codificada para automação.

3. **Robustez:** um processo robusto no qual todos os modos de falha são conhecidos é um candidato apropriado para automação, pois todos os fluxos e comportamentos de exceção podem ser projetados e codificados para automação.

Não por coincidência os três aspectos citados são temas trabalhados no ***Lean Thinking***: definição de gargalo, avaliação da estabilidade e identificação dos modos de falha.

Automatizar um processo quebrado não produz nada mais do que um desperdício em um ritmo mais rápido. O especialista em gestão Peter Drucker disse: "não há nada tão inútil quanto fazer com eficiência aquilo que não deveria ser feito de jeito nenhum".

O ***Lean Thinking*** melhora o desempenho do processo eliminando sistematicamente os erros e reduzindo a variação e os desperdícios dos processos. Na jornada de automação, o pensamento enxuto pode ajudar as organizações a avaliar os processos candidatos e torná-los mais adequados para automação.

Podemos aproximar as abordagens em uma relação cliente-fornecedor ou, ainda, de fato, integrar e conduzir projetos construídos a quatro mãos.

Organizando os recursos

Existem pelo menos duas formas de organizarmos os times para integração entre o *Lean Thinking* e a RPA:

1. Os participantes de projetos de melhoria contínua possuem habilidade para identificar e documentar processos candidatos à automação e direcionam oportunidades para a equipe do CoE.
2. São realizados eventos *Kaizen* (ou *Kaizen Blitz*) antes do início das automações, para melhoria e estabilização do processo. O *Kaizen* é um projeto de melhoria de curta duração (tipicamente, cinco dias) no qual uma equipe multifuncional analisa uma cadeia de valor e elimina desperdícios.

Não podemos esquecer que a excelência do processo continua sendo relevante nessa era de automação. A otimização ou o redesenho do processo – combinados com o ***Lean Thinking*** – devem ser parte integrante de qualquer jornada de automação. As áreas de transformação digital e de melhoria de processos saem ganhando.

Documentação dos processos

Em geral, os conceitos aqui apresentados devem ser aplicados somente aos processos selecionados e priorizados nas fases anteriores.

O início do processo de automação deverá começar com a criação de dois documentos da fase de planejamento: o PDD (*Process Design Document* – Documento de Definição de Processo) e o SDD (*Solution Definition Document* – Documento de Design de Solução).

PDD – Documento de Definição de Processo

O PDD é um documento escrito geralmente por uma colaboração entre a área de negócios, que tem conhecimento do domínio do processo a ser automatizado, e do arquiteto de solução RPA, que possui domínio técnico sobre a ferramenta de automação. O PDD deverá sempre apresentar duas visões do projeto:

- ✓ A visão ***AS-IS***, ou seja, como o processo é realizado manualmente pelos usuários. Em geral, a apresentação do processo ***AS-IS*** se dá por meio de um diagrama. Embora esta seja uma visão de mais alto nível do processo, é importante o detalhamento de partes do processo que contenham interações julgadas importantes pela área de negócio ou pelo arquiteto de solução.
- ✓ A visão ***TO-BE***, por sua vez, refere-se a como o processo deverá ser automatizado. Muitas vezes o processo da RPA é imaginado como uma mimetização do processo manual. Embora de fato isso seja verdade para alguns casos, o processo de automatização vai muito além de imitar o comportamento humano. É possível e necessário pensar em maneiras de otimização do processo e novas formas de realizar etapas presentes no processo selecionado. O trabalho do arquiteto de solução é justamente levantar e entender pontos cruciais como esses. Deve-se instigar a área de negócios a pensar "fora da caixa" e a identificar pontos que possam ser automatizados de maneira mais eficiente, como, por exemplo, com o uso de APIs (*Application Programming Interface* ou Interface de Programação de Aplicativos). A visão do processo ***TO-BE*** pode também ser representada por um diagrama, mas com a necessidade de um maior detalhamento, como, por exemplo, a inclusão de possíveis exceções de negócios, aplicações e suas tratativas, além da seção de ***reporting***, indicando como os ***reports***, caso existam, serão realizados.

O PDD deve ainda conter outras informações importantes como:

- ✓ Lista de *stakeholders*: importante em casos em que houver a necessidade de novas conversas com a área de negócios.
- ✓ Requisitos mínimos para o início da automação: arquivos de entrada e saída do processo, cenários de testes, credenciais necessárias (caso haja), permissões de acessos a sistemas (regras de *firewall*, permissões de usuários).
- ✓ Objetivo do processo: é importante que o desenvolvedor do processo saiba qual o objeto final de sua automação e não somente codifique "às cegas".
- ✓ Lista de aplicações utilizadas.
- ✓ Nome do autor, aprovador e versão do documento.
- ✓ Volume de dados transacionados.
- ✓ Tempo de processo atual.
- ✓ Frequência de execução do processo.
- ✓ Número de FTE (recursos envolvidos).
- ✓ Principais **KPIs**.
- ✓ Estimativa de esforço para desenvolvimento.

SDD – Documento de Design de Solução

O SDD é um documento focado nos desenvolvedores e tem como objetivo apresentar uma solução técnica para um determinado processo, que deverá ser usada como guia para o desenvolvimento da automação. O SDD costuma ser escrito pelo desenvolvedor RPA e pelo arquiteto de solução, preferencialmente o mesmo que atuou em conjunto com a área de negócios na criação do PDD (dessa maneira, ele já terá conhecimento sobre o domínio do processo).

Os principais focos quando se constrói um SDD são:

- ✓ **Robustez da automação:** quão resistente a erros a automação será, um fator que depende principalmente do tratamento de exceções.
- ✓ **Escalabilidade:** garantir que a automação possa ser escalável com facilidade.
- ✓ **Eficiência:** garantir a realização do objetivo final da automação com o menor tempo e número de erros possível.
- ✓ **Reutilização de componentes:** arquitetar componentes que possam ser reutilizados no mesmo ou em demais códigos, a fim de evitar retrabalho e poluição visual do desenvolvimento.

O SDD contém algumas informações já apresentadas no PDD:

- ✓ Nome do autor, aprovador e versão do documento.
- ✓ Volume de dados transacionados.
- ✓ Diagrama da solução incluindo cenários de exceção.
- ✓ Detalhamento do ambiente de produção.
- ✓ Pré-requisitos necessários para a execução no ambiente de produção.
- ✓ Arquivos de entrada e saída.
- ✓ Como o processo será iniciado.
- ✓ Políticas de armazenamento de senhas.
- ✓ Detalhamento de agendamento da automação.
- ✓ *Workflows* que serão criados, bem como seus parâmetros de entrada, saída e uma breve descrição contendo o seu objetivo.
- ✓ Lista de artefatos reutilizáveis.

É importante ressaltar que poderá haver mudanças em tempo de desenvolvimento da automação. Caso isso venha a ocorrer, o SDD poderá ser alterado de acordo com a necessidade.

Preparação dos ambientes

Como citado anteriormente, no PDD é comum termos como informação os requisitos mínimos do ambiente para o início da automação. Tão importante quanto ter tais requisitos levantados é possuir ambientes preparados que lhes atendam.

A preparação dos ambientes (desenvolvimento, homologação e produção) é de extrema importância para o início de uma automação, e o motivo é simples. Durante a fase de priorização de processos são levados diversos fatores em conta, como o valor que a automação irá agregar para o negócio considerando sua complexidade e tempo de desenvolvimento. Portanto, caso seja iniciada a automatização de um processo sem um ambiente devidamente preparado, aumentam as chances de o desenvolvimento ser interrompido ou ainda de não ser possível a homologação ou execução em produção, fazendo com que o tempo estimado de entrega do processo seja atrasado e consequentemente afetando o cálculo realizado na etapa de priorização.

A preparação dos ambientes é necessária ainda para garantir o funcionamento pleno do processo automatizado em ambiente de produção, por isso é importante que ambientes de homologação sejam os mais fiéis possíveis ao ambiente de produção e que contenham uma cobertura de testes capaz de abranger a maior quantidade de cenários possíveis.

19. Boas práticas de desenvolvimento de automações

Vinícius Siqueira
Mikael Schirru
Jefferson Heloy

Ao falar de boas práticas, estamos discutindo formas de desenvolvimento que garantam a facilidade de identificação e modificação de pedaços de códigos. Ao longo deste capítulo são apresentadas boas práticas gerais de desenvolvimento que são adaptáveis à RPA.

Existem várias formas de avaliar a adequação de um código às boas práticas: quantidade de código *hardcoded*, quantidade de módulos possíveis de reutilização, quantidade de atividades sem *log*, entre outras. No que tange a novos desenvolvimentos, recomenda-se que esses e outros pontos sejam levados em consideração, garantindo a padronização da qualidade da entrega.

Porém, quando se trata de códigos legados, é preciso discutir as horas disponíveis das equipes de desenvolvimento para inclusão das boas práticas. Nesse contexto, pode-se usar a seguinte estratégia para avaliar o esforço de refatoração: convidar um desenvolvedor que nunca teve contato com o processo a buscar pedaços de códigos a partir dos *logs* de execução. Caso a busca de cada trecho de código leve mais de cinco minutos, provavelmente esse código não está claro e devem ser feitas ações para modularização e adições de comentários e de *logs*.

Para facilitar o entendimento das boas práticas, apresentamos um pequeno glossário:

- ✓ ***Framework.*** O *framework* é a fundamentação das automações e conta com dados, códigos, arquivos de configuração e lógica de processamento que facilitarão o desenvolvimento. Já ouviu aquele ditado: "para que reinventar a roda"? Com o *framework* seguimos a mesma lógica: se já temos um código que vai solucionar o nosso problema, para que reinventar ou refazer o trabalho? É mais fácil e rápido se só reutilizarmos. Lógico que isso não pode tirar a liberdade do desenvolvedor de adicionar algumas calotas mais personalizadas ou diferentes. A maioria dos *frameworks* é de código aberto e, caso necessário, é possível alterar alguns detalhes.

- ✓ **Padronização.** A padronização dos estados do *framework* contribui para a atuação dos desenvolvedores de forma semelhante e para a fácil identificação dos pedaços de código. Por exemplo, quando usamos um *framework* do tipo "Produtor Consumidor" sabemos que a inicialização das aplicações ocorre sempre na etapa de inicialização e a finalização dessas aplicações na etapa de encerramento.
- ✓ **Tratamento de exceções.** O que seria tratamento de exceção? Imagine que você está realizando o cadastro no CRM da empresa, mas o site fica fora do ar. O que você faria? Teríamos várias possibilidades de resposta para essa questão, mas a mais simples seria pressionar "F5" (recarregar página). Temos aí um tratamento de exceção. Na RPA é preciso pensar nas exceções que podem ocorrer desde a primeira vez que se vê o processo: um site pode ficar fora do ar, uma aplicação pode mudar seus identificadores (ID, nome e URL), um botão pode sumir etc. Para todas as exceções anteriores, nomeia-se exceção de sistema, pois o sistema com o qual o robô interage não se comporta conforme o esperado pelo caminho feliz do processo. Nesses casos, a "retentativa" do robô geralmente soluciona a questão. Além das exceções de sistema, existem as exceções de negócio. Elas são previstas pelas regras de negócio alinhadas com o cliente. Para exemplificar, elas podem ser devido à entrada de um dado que o robô não deve trabalhar – por exemplo, o *input* de um processo está no formato inadequado (foi acordado que o robô só deve ler e-mails com anexo em .xlsx e o e-mail foi recebido com o anexo em .pdf). Ao prever e mitigar as possibilidades de erros, conseguimos deixar o robô mais eficiente e mais confiável.
- ✓ **Modularização.** A modularização é um dos métodos usados em desenvolvimento de programas de grande e média escala. Ela permite que o desenvolvedor foque em pequenas partes de um problema, garante a facilidade de leitura e, o principal, facilita a reutilização de código. Podemos pensar na seguinte situação: uma automação em produção há seis meses gera cadastros no sistema de RH, contabilidade e financeiro. Foi aberto um chamado para o CoE de RPA informando uma alteração no sistema do RH, porém o desenvolvedor desse código está de férias. Sem opções, selecionam você, que nunca teve contato com o código, para a tarefa. Duas situações podem acontecer: a) o código está todo em sequência, sendo necessário realizar a mesma alteração em várias partes. Consequência: você gasta o dia inteiro, não consegue nem sequer almoçar. b) O código está modularizado e só de olhar você sabe onde precisa procurar aquela alteração. Você altera apenas uma vez e já é replicado para todos os lugares em que aquele pedaço de código é chamado. Aqui você termina até antes do almoço.

Como pudemos observar, os tópicos anteriores são essenciais para a vida útil do robô e da organização como um todo. Não adianta pensar somente na entrega do desenvolvimento. Quando falamos em RPA, precisamos garantir qualidade em toda a vida da automação.

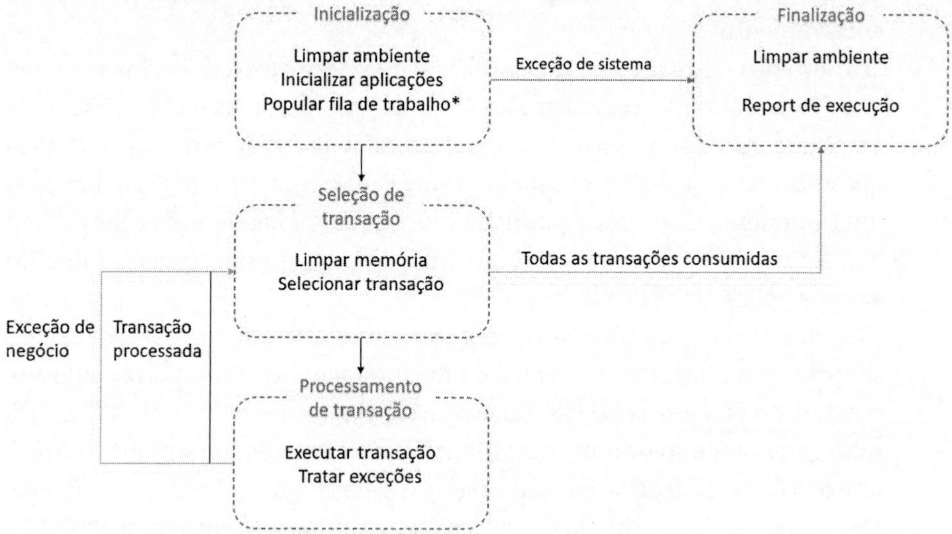

Figura 19.1. ***Framework*** **Produtor Consumidor.**
Fonte: os autores.

Os *frameworks* mais comuns de mercado podem ser divididos em dois momentos: o primeiro "produz" a fila de trabalho com novos casos a serem executados; e o segundo "consome" cada um desses casos de forma independente.

O que chamamos de caso (dependendo da ferramenta, será chamado de transação ou item da fila de trabalho) deve ser o menor bloco de trabalho possível. Para melhor ilustrar, digamos que o seguinte processo será automatizado:

> *De segunda a sexta às 8 horas da manhã, a área de customer success de uma empresa B2B (business to business) recebe atualizações das vendas de seus clientes por e-mail. Cada cliente envia apenas um e-mail, porém este e-mail pode conter um ou mais anexos, pois cada loja de seus clientes gera um relatório .xlsx que é anexado ao e-mail. Ao longo do dia, os funcionários da área de customer success cadastram dados de cada um dos anexos em sua aplicação web.*

Diante desse caso, fazemos duas perguntas: a) como definir o recorte entre o produtor e o consumidor? e b) qual o menor bloco de trabalho possível?

A primeira pergunta é mais simples: todos os e-mails estão disponibilizados na mesma aplicação. Portanto, para não ser necessário consultar o servidor de e-mail a cada nova execução, às 8 horas o "produtor" é executado lendo todos os e-mails. Na sequência, o "consumidor" busca cada um desses itens na fila de trabalho e os processa um a um.

É comum questionar o porquê dessa separação. Não se pode simplesmente buscar um e-mail e inserir os dados dele na aplicação, então buscar o próximo e inserir os dados na aplicação e assim por diante?

Sim, pode-se fazer dessa forma repetitiva, mas ela abre diversas vulnerabilidades na automação. Vamos discutir cada uma delas:

- ✓ Não foi mencionado o SLA desse processo. E se todos os casos precisarem ser executados dentro de uma hora? A independência entre itens de trabalho permite que diferentes itens sejam executados em máquinas distintas. A primeira vantagem do uso do modelo produtor consumidor é o **paralelismo**.
- ✓ Se um determinado cliente requisitar que o caso dele seja executado com urgência, a simples interação não daria flexibilidade para essa **priorização**. A partir do momento em que todos os casos a serem executados estão em uma fila, o operador da ferramenta de orquestração pode definir a ordem em que os itens da fila serão executados.
- ✓ O maior risco operacional de uma execução é o seu *crash*. Isto é, o robô cai em erro fatal, abortando a execução. O modelo produtor consumidor reduz esse risco, assim como o seu impacto. Ao realizar a leitura de todos os e-mails no início (atividade relativamente mais resiliente do que interação com telas), o robô garante a identificação de todos os itens de trabalho e finaliza qualquer interação com essa camada. A partir de então, caso a execução resulte em *crash*, pode-se iniciar uma nova execução do próximo item de trabalho ou realizar uma nova tentativa no próprio item que teve a exceção. A automação possui **facilidade de recuperação**.

Outro questionamento recorrente é referente à inclusão do produtor dentro do *framework*. O "Popular fila de trabalho*" da imagem trata exatamente dessa discussão. A boa prática não direciona nem para a inclusão direta no *framework* nem para a separação em outro processo.

A única orientação para o produtor, caso o desenvolva em apartado, é que ele também precisa de um *framework* próprio. Por mais que seja um processo linear e simples, ele deve possuir registro de *logs* robusto e tratamento de exceções padronizado.

A segunda pergunta é um pouco mais complexa. O menor bloco de trabalho possível é o e-mail, o anexo ou são os dados contidos no anexo?

Para responder a essa questão, primeiro vamos por eliminação: não se recomenda que o bloco de trabalho seja o e-mail. Caso se optasse pelo e-mail, a referência do item de trabalho seria o cliente e, por consequência, ao consumir um item de trabalho, seria necessário realizar um *loop* (uma ou mais interações) lendo cada anexo.

Uma recomendação para facilitar o recorte do item de trabalho é: "se um item de trabalho percorre toda a etapa de processamento mais de uma vez – geralmente por causa de um *loop* – ele precisa ser recortado".

Sabendo disso, ainda restam duas opções: o recorte pode ser feito pelo anexo (baixando e usando o caminho do arquivo salvo como referência) ou leem-se os dados contidos no anexo e cria-se um item de trabalho usando esses dados como referência?

A resposta para essa questão é "depende". A breve especificação não indica o espaço em disco nem a quantidade de dados do .xlsx. Se escolher a primeira opção, pode ser que o limite de espaço em disco da máquina seja atingido, impedindo o processamento; assim como a segunda opção gera o risco de passar uma referência que atinja limitações da fila de trabalho.

Essa é uma situação que só será resolvida com o trabalho conjunto do analista de negócio, do arquiteto de solução, da área de negócios e do time de infraestrutura responsável pela máquina em busca de um desenho de solução ideal.

Filas de trabalho

As filas de trabalho são importantes ferramentas para o desenvolvimento de automações robustas e confiáveis. A sua principal função é armazenar itens de trabalho para que estes possam ser processados posteriormente, como vimos no *framework*.

As filas de trabalho costumam estar integradas com as interfaces de controle e orquestração de cada ferramenta, possibilitando assim que o analista responsável tenha maior acessibilidade e controle sobre a situação das filas e seus respectivos itens de trabalho, garantindo um monitoramento de status constante sobre a fila e, consequentemente, trazendo agilidade e confiança em eventuais decisões de paradas manuais do processamento.

Usar filas de trabalho pode trazer grandes vantagens para o processo automatizado:

✓ **Monitoramento:** é possível garantir o constante monitoramento dos itens de trabalho presentes nas filas, assegurando não só o funcionamento, mas também a obtenção de métricas importantes, como a quantidade de itens processados com sucesso ou o tempo médio de processamento de cada item. Tais métricas podem ser valiosas para a geração de ***insights*** ou melhorias futuras.

✓ **Controle:** mesmo não sendo o ideal e se tratando de uma situação atípica, por vezes é preciso realizar determinadas ações em alguns dos itens de trabalho já presentes na fila, como, por exemplo, a exclusão ou priorização. Caso esse cenário venha a acontecer, é de extrema importância que o analista possa realizar tais ações com facilidade e, ao mesmo tempo, sem interferir no processo como um todo. A utilização da fila de trabalho se encaixa perfeitamente em tais cenários, uma vez que cada item de trabalho pode ser visto de maneira independente e, portanto, não afeta a continuidade do processamento.

Adapte-se

Embora existam diversos *frameworks* no mercado, é indispensável a habilidade de adaptação. Cada processo automatizado é um cenário único. Embora muitas vezes seja possível o uso de um *framework* existente, ainda haverá cenários onde estes não se aplicarão, ocorrendo assim a necessidade de adaptação do próprio *framework* ou a criação de um novo *framework* específico para determinadas situações.

O processo de adaptação é visto nos mais diversos cenários de desenvolvimento, desde pequenas até grandes empresas, não se restringindo ao campo de RPA. Portanto, embora usar um *framework* traga inúmeras vantagens, é preciso que os desenvolvedores conheçam suas limitações e sejam capazes de ir além.

20. Implantando robôs

Leonardo Martins
Ana Cláudia Rodrigues

Após o desenvolvimento das automações, inicia-se a etapa de colocação da solução RPA em produção. Essa etapa compreende a homologação pelo cliente, a implantação propriamente dita, a medição e comunicação dos ganhos e o processo de gestão da mudança.

Processo de Implantação da Automação

Figura 20.1. Processo de implantação da automação.
Fonte: os autores.

Homologação

A homologação existe para suprir dois principais objetivos: (a) garantir que o que está sendo entregue ao negócio atende aos requisitos especificados; (b) engajamento das áreas de negócio com os novos funcionários digitais.

Para o primeiro ponto, é importante que o dono do processo seja envolvido. Junto com toda a documentação produzida nas etapas anteriores, ele será o responsável por garantir que o robô que está pronto para ser migrado para produção atenda aos requisitos especificados para o processo.

Durante esse momento, o time de desenvolvimento e processos do projeto acompanhará o dono do processo na execução do robô, que ocorrerá em um ambiente de homologação que espelhe o ambiente de produção. Todo o time acompanhará a execução do robô, guiado por um plano de testes previamente desenvolvido e o PDD (*Process Design Document*). O objetivo é garantir que os *outputs* de cada caso de uso estabelecido sejam atendidos em sua completude. Para tal, é importante que evidências sejam coletadas e que todos os casos mapeados sejam testados.

Além do viés de sucesso técnico, essa etapa também busca engajar o dono do processo na utilização do robô. Ao ser a chancela máxima para aprovar o sucesso da nova automação, passa a existir a coparticipação da área de negócio na automação a ser implantada. Nesse momento, fica claro que negócio e TI trabalham juntos em prol de um resultado em comum.

Implantação

A maior preocupação nesse momento está na resistência dos funcionários da organização à entrada do robô. A robotização muda a forma da área trabalhar: um novo funcionário que não "participará dos *happy hours*", mas que cobrará durante o dia a dia um certo nível de padrão na execução dos processos da área, expondo os casos em que os *inputs* de dados para sua execução não sigam os modelos estabelecidos.

Portanto, esse é um dos momentos críticos para que o robô demonstre o sucesso na entrega de valor ao negócio. Não basta aprovar o sucesso do robô durante a homologação e simplesmente migrá-lo para um ambiente de produção. Faz-se necessária a preparação da área de negócio para o recebimento dele. Nesse sentido, apontamos algumas ações que podem ajudar:

- ✓ ***Book* do robô:** estabeleça uma documentação menos técnica e detalhada que o PDD, trazendo uma linguagem mais aderente ao negócio e que seja amigável para consumo no dia a dia da operação. Esse documento ajudará na sensibilização de novos funcionários e tornará mais fácil o entendimento das áreas de negócio quanto ao funcionamento dos robôs (horários de funcionamento, escopo de atuação, ações de contingência, interações com humanos etc.).
- ✓ ***Workshop* de *go-live*:** antes de iniciar a operação do robô, junte todas as pessoas impactadas por ele e faça uma cerimônia de lançamento. Reforce como o processo será executado, as premissas e os padrões estabelecidos, como o robô gerará valor aos *stakeholders* e estabeleça as novas funções das pessoas que terão tempo de trabalho liberado. O robô deve apoiar o humano dentro da estratégia da organização e não o substituir.
- ✓ **Campanhas de sensibilização:** sensibilize a organização quanto às novas forças de trabalho digitais. Mantenha a transparência na comunicação e informe como elas estão alinhadas à estratégia. A automação não deve ser tratada como algo impositivo, mas deve ter a compreensão das pessoas que serão impactadas por ela.
- ✓ **Operação assistida e manual da sustentação:** para que as pessoas tenham confiança na tecnologia, é preciso que ela entregue, de fato, o valor projetado.

> Um robô que apresenta muitos erros no ambiente produtivo gera resistência e insatisfações. Faça um acompanhamento próximo dos robôs durante as primeiras semanas em produção, avalie novos cenários não previstos no momento do desenho e dos testes e estabilize o robô antes de deixá-lo totalmente autônomo. Construa um manual da sustentação que guiará os primeiros níveis de atendimento na solução de possíveis incidentes. Documente erros conhecidos e resolva incidentes no menor tempo possível.

Outro ponto que pode ser referenciado à parte está relacionado à estratégia estabelecida para implantação. Segundo Sganderla (2015), a estratégia pode adotar uma abordagem de implantação gradual ou total.

Uma estratégia de implantação gradual pode ser recomendada quando existe muita resistência na adoção da automação. É uma abordagem mais conservadora, mas que permite que eventuais problemas sejam corrigidos no decorrer da implantação, gerando menor impacto na credibilidade do sistema. Já a estratégia total determina um marco de substituição do processo atual pelo novo processo automatizado.

Para o contexto da robotização não é diferente. O robô pode iniciar sua operação realizando pequenas tarefas e ir expandindo gradualmente até que a capacidade máxima de automação do processo seja atingida.

Essa estratégia pode funcionar nos casos em que há uma grande resistência ao robô na área de negócio. Implementar pequenos pilotos que comprovem o valor entregue pela tecnologia pode ser um bom caminho. A partir do momento em que os *stakeholders* da solução degustam os ganhos potenciais com a RPA, escalá-la para desafios maiores será o caminho natural.

Medição

> *Não se gerencia o que não se mede, não se mede o que não se define, não se define o que não se entende, e não há sucesso no que não se gerencia. (W. Edwards Deming)*

Falamos no Capítulo 17 sobre a importância de avaliar oportunidades de automação e decidir com base em ganhos e retornos. É importante que projetos de robotização sejam direcionados por resultados esperados e melhorias no desempenho do negócio.

A única maneira de identificar os ganhos de desempenho é medindo.

A medição pode ser realizada de diferentes formas. Um caminho é por meio da própria plataforma de hiperautomação contratada. A seguir apresentamos algumas opções:

- ✓ **Orquestradores e salas de controle:** as próprias soluções de RPA podem ajudá-lo a mensurar o seu robô. É possível ver quantas vezes ele falhou ou acertou ao tentar executar o processo. Esses dados são registrados nativamente nos *logs* da ferramenta e podem ser consultados a qualquer momento. Mesmo que um robô falhe e esteja programado para tentar novamente (e, eventualmente, acertar), é importante que essa métrica seja acompanhada e que a taxa de acerto do robô seja crescente ao longo do seu período de operação.
- ✓ ***Dashboards* e indicadores:** os robôs, ao longo da execução dos processos, podem gerar *logs* personalizados que permitam a construção de indicadores de desempenho dos processos. Para tal, é importante que durante o desenvolvimento das automações a estrutura de *logs* seja estabelecida, sendo possível gerar os dados necessários para que os painéis os consumam. É possível, por exemplo, uma empresa de transmissão de valores financeiros saber quais bancos receberam maior volume de crédito por estado ou, para uma empresa de seguros, quais estados acionaram em maior volume apólices contratadas durante a pandemia.
- ✓ **Ferramentas de *analytics*:** algumas soluções presentes no cardápio de tecnologias de hiperautomação habilitam *insights* a partir do uso de *machine learning* e inteligência artificial. Elas sugerem melhorias no processo e podem potencializar os ganhos da RPA. Elas ajudam na medição dos processos e na melhoria contínua.
- ✓ ***Process mining*:** *process mining* também está presente nas principais soluções de hipearutomação. Dados dos processos são coletados e é possível mensurá-los ao longo de todas as suas atividades. Essas soluções são muito potentes para organizações orientadas a processos.

A mensuração do processo munirá o Centro de Excelência com informações valiosas para a melhoria contínua dos processos e, consequentemente, o constante aumento de performance dos processos de negócio e resultados organizacionais. No entanto, apenas a mensuração não valerá de muita coisa se os patrocinadores dos projetos não a conhecerem.

É importante que um plano de comunicação seja estabelecido e que os ganhos obtidos com a hiperautomação sejam transparentes a todos os impactados, cada um com o seu respectivo modelo de *report*.

Gestão da mudança

Robôs são sensíveis a mudanças. Mesmo estabelecendo uma automação que englobe inteligência artificial e *machine learning*, mudanças em ambientes onde o robô interage ainda são assuntos críticos e podem parar operações complexas caso não sejam gerenciadas.

Garanta que haja um processo de gestão de mudanças estabelecido. Esse processo precisa abranger os seguintes aspectos:

- ✓ **Tipos de mudanças:** quais mudanças precisam de uma análise mais profunda e quais podem ser realizadas sem grandes aprovações?
- ✓ **Análise de impacto:** quais são os possíveis impactos em caso de falha na mudança? Quem precisa estar presente para avaliação dos riscos?
- ✓ **Ações e contingências:** como preparar a mudança para não impactar o negócio em caso de falha? É necessário um plano de *rollback*?
- ✓ **Acompanhamento:** como garantir que a mudança ocorreu com sucesso?

Para que não se descubra uma parada na operação do robô apenas após as mudanças terem ocorrido, é importante que esse processo seja contemplado. Caso sua empresa tenha uma área de governança de TI mais madura, um processo de gestão de mudanças deve existir e bastará adaptá-lo ao contexto de robotização.

21. Operação e melhoria contínua

Priscilla Vieira

Melhoria contínua do seu *bot*

Um trabalho de automatização de processos ou hiperautomação não se encerra após entrega do projeto, a não ser que você se contente com o resultado obtido e a área "dona do processo" esteja muito feliz com esse resultado. Do contrário, se prepare.

De acordo com a metodologia de operação robótica disseminada por várias provedoras de ferramentas de RPA, o ciclo de vida do robô é composto pela fase de levantamento (*as is*), desenho da solução (*to be*), ciclo de desenvolvimento que engloba testes e homologação, implementação da força de trabalho virtual e melhoria contínua.

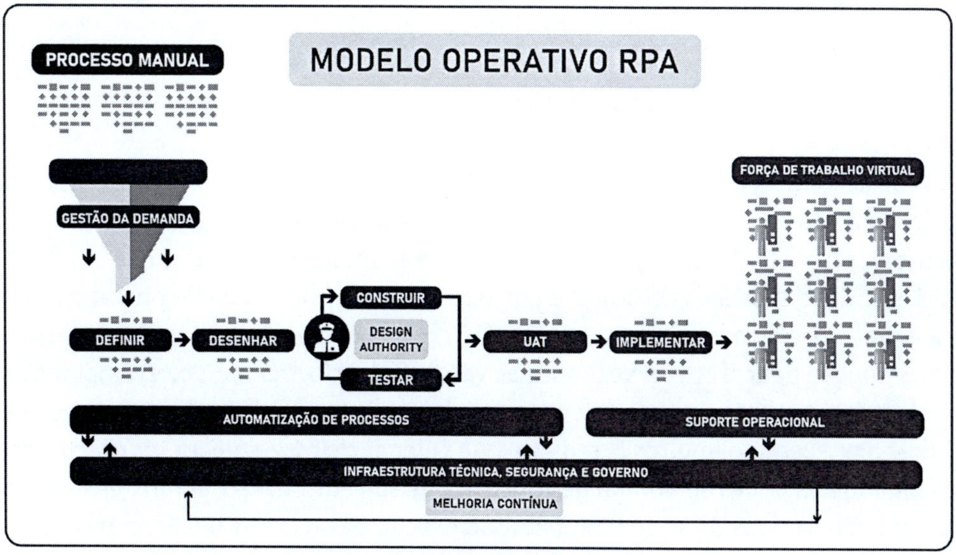

Figura 21.1. Modelo operativo RPA.
Fonte: adaptado de Blue Prism (s.d.).

Um dos papéis da governança é verificar, planejar e atender a todas as melhorias necessárias dos processos produtivos para aprimorar a eficiência robótica, o que muitas vezes é alcançado dividindo a responsabilidade com a área de negócio.

Nesse ponto, em busca de melhoria contínua também entra um assunto bastante comentado na atualidade: a hiperautomação, que é o segundo passo de uma jornada de RPA. Muitos processos podem melhorar seu desempenho se utilizar outras tecnologias agregadas, como OCR, *chatbot*, *machine learning* etc.

Como funciona na prática

Dado que a "melhoria contínua" faz parte do ciclo de vida de um robô, imagina-se (e quem já está na jornada vivencia isso) que todo robô pode (e deve) ser melhorado para chegar a níveis de eficiência operacional próximos do 100% (os outros x% ficam a cargo das falhas de ambiente das quais o robô não consegue se recuperar).

Que fique bem claro que a responsabilidade pela melhoria contínua de um processo continua sendo da área de negócio, dona do processo automatizado. Porém, a melhoria contínua no código ou na forma da automação, essa sim, faz parte das obrigações e da governança do CoE.

Bot controller ou *control room*

Na equipe do CoE, existe o papel do *bot controller* ou *control room*. Será de responsabilidade desse papel gerir com eficiência os horários de início e fim da execução dos processos. Em algumas empresas, por estratégia, uma única licença pode executar várias atividades de áreas distintas e por esse motivo agendar o melhor horário pode melhorar a performance do seu *bot*. Porém, nem sempre quando o robô é colocado em produção pela primeira vez todas as variáveis (performance, por exemplo) são conhecidas, e é muito importante a equipe do *control room* ficar atenta a esses detalhes. Por exemplo, muitos acreditam que colocar o processo para ser executado de madrugada pode melhorar a performance de sua automação; porém, esquecem que existem rotinas de TI que também são executadas na madrugada, como atualizações de sistemas, execução de antivírus, limpeza de base de dados etc., fazendo com que o ambiente de produção fique pesado e apresente falhas que geralmente não ocorrem durante o dia. Nesses casos, é muito importante que a automação esteja preparada para tirar *screen shots* das mensagens de erro do ambiente quando acontecerem as exceções de sistema, para que essa equipe tenha informações suficientes na mão para investigar os problemas que acontecem nesses horários – afinal, o *bot* deve ter sido configurado durante o dia (horário de trabalho comercial) e esses erros não acontecem no ambiente de *Dev*/QA. Muitas vezes você já tem um ganho relativo de performance com a simples troca de horário de execução da automação. Outras vezes, o robô é executado durante um período em que há um aumento do fluxo de acesso – e nesses casos o robô também vai sentir, podendo muitas vezes apresentar mais erros do que o normal. A dica do *screen shot* também é válida aqui, mas geralmente é necessário aumentar o tempo de espera de resposta de uma tela para que o robô apresente menos erros. São pequenos detalhes, pequenos ajustes, que não entram no mérito real da programação do *bot*, mas que podem ajudar na performance tão almejada por todos.

Junto com o *bot controller* ou *control room* é necessário existir o papel de **desenvolvedor de manutenção** ou uma equipe preparada para isso. São os desenvolvedores que atuarão na correção ou nos ajustes necessários dos processos produtivos. Eles estarão em contato com o ambiente produtivo e conhecerão suas falhas e limitações, conseguindo atuar de forma mais rápida e proativa tanto nas falhas como nas melhorias necessárias dos *bots* produtivos.

A equipe, ou *squad* de manutenção, vai gerar novas demandas de melhorias contínuas PROATIVAMENTE. Mais do que esperar pelos problemas ou falhas, ela estará sempre em busca do que pode ser melhorado nos *bots* que estão em produção.

Acompanhamento por *dashboards*

Os relatórios de acompanhamento vão ajudar muito na hora de saber onde atuar mais rapidamente nas falhas de seus *bots*.

Extraindo informações diárias das maiores causas de falhas de seus *bots*, a equipe conseguirá fazer um planejamento correto de onde começar a atuar.

Se existirem muitas falhas provenientes do ambiente produtivo, a equipe de manutenção dos *bots* terá que atuar em conjunto com a área de TI.

O que acontece muitas vezes e não é o correto é a equipe de manutenção começar a ajustar o *bot* para "resolver" todos os problemas de ambiente que possam aparecer e com isso acabar aumentando desnecessariamente o tempo de execução do *bot*. Ou seja, ele passa a atender a menos casos diariamente com um tempo muito elevado, maquiando o real problema e não corrigindo, somente dando a volta e muitas vezes colocando o projeto em risco na instituição porque a impressão que fica é de que o robô não funciona da forma como foi vendido.

Como melhorar os *bots* de RPA com a hiperautomação

Muitos processos são automatizados inicialmente somente por RPA.

Quando falamos de uma automação completa de um processo de ponta a ponta, somente a tecnologia de RPA não é suficiente. Existem casos em que a tentativa de uso da RPA pura e simples para o processo de ponta a ponta resulta em bastante dor de cabeça e muitas manutenções porque, na experiência do dia a dia, RPA não substitui com 100% de eficiência as outras ferramentas mais específicas, como OCR, por exemplo, ou alguma tecnologia de inteligência artificial.

Sabemos que se você tiver que ler algum documento por OCR as ferramentas de RPA estão preparadas, mas o nível de acurácia é bem menor. A mesma coisa ocorre se você tentar fazer uma análise em cima de um processo: a quantidade de regras que você precisará configurar para que o robô entenda por qual caminho seguir será muito alta e o robô nunca aprenderá caminhos novos.

Por isso é importante a análise inicial da necessidade do processo, para dividir e separar no início da jornada o que será feito por RPA, em qual "partezinha" do processo entrará o OCR e em qual parte do processo será necessário agregar uma tecnologia de *machine learning* para ele ser mais efetivo e trazer o retorno esperado.

Para atingir níveis excelentes de eficiência em um processo de ponta a ponta, você precisa entrar com a hiperautomação.

Nesse momento você dará um passo maior em sua jornada. Estamos falando em agregar mais tecnologias para o seu dia a dia e por isso sua equipe deve estar preparada. A transformação digital precisa ter um começo bem estruturado e o passo não pode ser maior que a perna.

Pensando em nossas experiências de vida, vamos encarar a jornada de transformação digital de sua empresa como o nascimento de um bebê. Ensine ao seu robô tudo o que ele pode fazer com as mãos, ou seja, todas as suas atividades repetitivas e manuais.

Comece pela RPA. Depois ensine a capacidade de ver. Agregue a tecnologia de OCR. Quando ele estiver com a visão apurada, ensine-o a falar. Agregue a tecnologia de *chatbot*. Quando tudo isso fizer sentido, ensine-o a analisar e a pensar. Agregue as tecnologias de inteligência artificial passando por *natural language processing* ou *machine learning*. Desse modo, você terá processos eficientes e tecnologias trabalhando a favor da sua empresa e de seus números, pensando sempre na melhoria constante de seus processos e da sua transformação digital.

PARTE IV.
GOVERNANÇA E GESTÃO: O CENTRO DE EXCELÊNCIA

22. O Centro de Excelência (CoE)

Felipe Jaber Castro

Diferentemente de outros aspectos da automação robótica de processos, que são prioritariamente tecnológicos, o Centro de Excelência tem como eixo central a governança e a sustentabilidade da iniciativa dentro de uma organização.

Tipicamente, o chamado CoE (*Center of Excellence*, em inglês) emerge da necessidade natural de definirmos boas iniciativas de automação, desenvolvermos segundo as melhores práticas e garantirmos resultados claros para as áreas de negócio. Dessa forma, gostaria de começar com uma história que pode representar a realidade de diversas organizações.

Era uma vez uma empresa fictícia, mas muito parecida com todas as outras. Um dia essa empresa resolveu iniciar sua jornada em direção à automação robótica de processos e, por não conhecer bem a tecnologia, começou de forma pequena, contratando uma licença de uma ferramenta e alocando um analista sem experiência pregressa na disciplina de RPA para construir seus robôs. Esse analista aprendeu sobre a ferramenta de forma relativamente rápida, pois já conhecia desenvolvimento de software, e se tornou um desenvolvedor RPA. Ele começou construindo um robô, depois outro, e cada vez mais. As áreas da empresa perceberam que os robôs faziam uma grande diferença onde eram aplicados, então muitas delas começaram a solicitar novos robôs para automatizar seus processos. Tudo ia bem.

O antigo analista, agora desenvolvedor RPA, que havia começado desenvolvendo robôs sozinho, já liderava uma equipe de outros desenvolvedores em função da alta de automações. Mas, quando se deram conta, já não bastava apenas construir os robôs: essa equipe precisava também avaliar as novas demandas, priorizar, estimar ganhos, apoiar na preparação dos processos para automatização, acompanhar a performance dos robôs legados, dar manutenção e promover melhoria contínua. Isso sem contar a gestão das licenças de software, a infraestrutura e o engajamento de novas áreas de negócio. De fato, a iniciativa estava se tornando uma nova área.

Alguns meses depois, a equipe já não conseguia dar conta de todo o trabalho. A fila de novas demandas era grande e as áreas de negócio não conseguiam ser atendidas no tempo desejado. Então, uma das áreas de negócio, que contava com um profissional que gostava de tecnologia, decidiu treiná-lo para dar vazão às suas próprias demandas.

Logo, novos robôs estavam sendo construídos. No momento em que a área de tecnologia começou a receber os novos robôs sem o padrão original e sem a documentação que lhe era habitual, o desenvolvedor de RPA decidiu colocar algumas normas e entendeu a necessidade de estabelecer boas práticas de governança. Não sabia exatamente por onde começar, iniciou uma pesquisa e deparou com a terminologia do CoE, também conhecido como Centro de Excelência.

Segundo a Automation Anywhere (ASHOK, 2020), o CoE se traduz em um time de especialistas com conhecimentos nas áreas-chave necessárias àquilo que se pretende implementar tendo como finalidade prover liderança, melhores práticas, pesquisa e suporte para as áreas de negócio.

Depois de pesquisar e entender bem o que era o CoE e qual sua finalidade, a equipe de tecnologia dessa empresa percebeu a necessidade de criação desse centro junto das áreas de negócio e da alta gestão, iniciando sua implementação.

Criaram modelos de construção a serem seguidos, deslocaram algumas pessoas que construíam robôs para poderem aconselhar as áreas de negócio que precisavam de ajuda para iniciar, ou mesmo para manter robôs já construídos, e disponibilizaram um processo com a documentação necessária para que novos robôs fossem aceitos.

Com todos esses avanços em termos de governança, a área de tecnologia teve mais segurança e tempo para pesquisar novas funcionalidades das plataformas de RPA e assim evoluir além das simples automações que substituem processos repetitivos, trazendo mais inteligência e cognição aos robôs e permitindo que agora os robôs pudessem ler documentos, identificar imagens e interagir com usuários através do processamento de linguagem natural. Não só isso, mas também foi possível automatizar em maior escala. A fila de automações represadas também reduziu.

Como o CoE não é algo fechado, mas vivo, e deve se adaptar às necessidades da empresa em cada momento, a empresa fictícia segue evoluindo com as boas práticas de governança e gestão, promovendo a melhoria contínua e automatizando de forma cada vez mais inteligente.

Uma organização que inicia a jornada de automação deve estruturar um CoE para garantir qualidade, sustentabilidade e evolução.

23. Processos de governança de automações

Raphael Palmeira da Silva

Dependendo do modelo a ser adotado e da estrutura organizacional da empresa, podem ser necessários diversos processos para realizar a governança da automação. Por outro lado, existe uma estrutura mínima necessária para que a tecnologia de RPA consiga alcançar os benefícios esperados.

Essa estrutura mínima visa principalmente garantir um padrão de qualidade às automatizações que serão realizadas, formalizar fluxos e procedimentos de forma que todos os envolvidos tenham conhecimento, adequar a nova estrutura às normas de segurança e governança da empresa, assim como às leis de proteção de dados.

Para atingir esses objetivos, podem ser estabelecidos diversos processos, desde a identificação de oportunidades de automatização até a sustentação ou avaliação de tecnologias. Destacaremos aqui os processos mais críticos e prioritários de governança para início da jornada de RPA.

✓ **Gestão de incidentes:**

- Tão importante quanto mapear o fluxo considerado perfeito de um processo é identificar e planejar as ações que devem ser tomadas nos casos de exceção. Esse é um trabalho feito durante a construção da documentação do processo, mais especificamente do PDD. Entretanto, ainda assim é possível que ocorram erros não mapeados e que o robô não saiba lidar com eles de forma automática. Para esses casos, é muito importante que seja definido um processo de gestão de incidentes.
- Os incidentes não mapeados como exceção durante a construção do PDD podem ser percebidos de três formas diferentes: a) exceção geral reportada pelo próprio robô, uma vez que ele não possa ou não consiga ir adiante com sua execução; b) exceção percebida pelo time do CoE durante o monitoramento, seja por uma demora na execução que fuja ao especificado ou por análise dos *logs* e *outputs*; e c) exceção percebida pela própria área

de negócio que é atendida pela automação, seja pelo não recebimento de *outputs* ou por estes estarem com algum erro.
- Para um fluxo de gestão de incidentes, os principais pontos que devem ser considerados são: criação de uma base de conhecimento para solução dos incidentes que venham a ocorrer, definição de SLAs para solução do problema, definição dos responsáveis por cada incidente, as formas de acionamento (chamado, e-mail...) e regras de escalonamento.

✓ **Gestão de mudanças:**
- Gerir mudanças é um procedimento frequente para os times de TI das organizações. Por isso, dependendo do grau de maturidade dos processos de TI das organizações, já haverá um fluxo definido para a gestão de mudanças. Nesse cenário, o mais adequado é adaptar os processos de RPA dentro do processo já existente, garantindo uma governança mais organizada.
- Por outro lado, sabemos que nem todas as empresas possuem um processo de gestão de mudanças estruturado ou, apesar de existir, este é inflexível quanto às necessidades que surgirão nos projetos de RPA. Para esses casos, deve ser criada uma estrutura exclusiva para a RPA, com procedimentos e responsáveis bem definidos e de conhecimento de toda a organização.
- De forma geral, um processo para controle das solicitações de mudança deve seguir as seguintes etapas: solicitação através de um modelo definido pelo CoE, avaliação da mudança solicitada e possíveis impactos, aprovação ou não, priorização em caso de aprovação e, por fim, implementação da mudança.
- Visando facilitar a categorização das mudanças e definir o fluxo a ser seguido em cada caso, podemos dividi-las basicamente em três categorias: mudança normal, mudança padrão e mudança emergencial:
    - ◊ **Mudança normal:** qualquer mudança que siga o caminho normal de solicitação, dependendo de aprovações formais, como atualizações de sistema operacional, novas versões de sistemas utilizados pela empresa etc.
    - ◊ **Mudança padrão:** qualquer mudança que impacte na automação e seja diferente dos requisitos iniciais. Como exemplo podemos citar alteração na frequência de execução do robô, reagendamento etc.
    - ◊ **Mudança emergencial:** qualquer mudança que impacte diretamente na operação do robô, inviabilizando parcial ou totalmente sua execução e impedindo o procedimento do processo automatizado. São as mudanças mais críticas, como alterações de telas em sistemas e em regras de negócio definidas para o processo que foi automatizado.
- Por fim, mas não menos importante, temos quatro diferentes decisões que podem ser tomadas a partir de uma solicitação de mudança: manter a

automação da forma que está hoje, remover alguma funcionalidade, adicionar alguma funcionalidade ou alterar uma funcionalidade já existente.

✓ **Gestão de demandas:**

- Para garantir a continuidade e evolução das automações, é importante estruturar um processo para gerir as novas demandas por automação que tendem a surgir na organização. Esse processo de levantamento de novas demandas, dependendo de como foi estruturado o modelo do CoE e das características da empresa, pode surgir de forma *bottom-up*, quando a área de negócio levanta oportunidades de automação, ou de forma *top-down*, quando a diretoria ou a própria gestão do CoE direciona as automações que serão feitas.
- Dentro da gestão de demandas, é importante estruturar um modelo para análise das oportunidades que possibilite logo no momento inicial prever um retorno sobre o investimento da automação e analisar a viabilidade ou não de executar a automação. Para isso, é importante definir quais serão os critérios usados para essa análise e coletar o máximo de informações durante o levantamento, como tempo de execução da tarefa, quantidade de pessoas envolvidas, frequência e volumetria, propensão a erros etc.

Dessa forma, os três processos que inicialmente deveriam ser considerados na estruturação da iniciativa de automatização são a gestão de demanda, a gestão de incidentes e a gestão de mudanças. Conforme estejam estabelecidos, a organização pode discutir métricas específicas para melhoria contínua bem como estruturar outros processos que, inclusive, poderão estar descentralizados, conforme veremos a seguir, em função do tipo de Centro de Excelência que foi estruturado.

24. Tipos de CoE

Raphael Palmeira da Silva

Durante o planejamento para implementação de uma estrutura de CoE, é importante entender todo o contexto de governança de TI e de projetos da empresa onde o CoE será instalado, assim como identificar o momento da empresa com a RPA. Tendo em vista diferentes cenários e momentos, os modelos de CoE que estão sendo implementados nas organizações são adaptações de três modelos base: centralizado, descentralizado e federado.

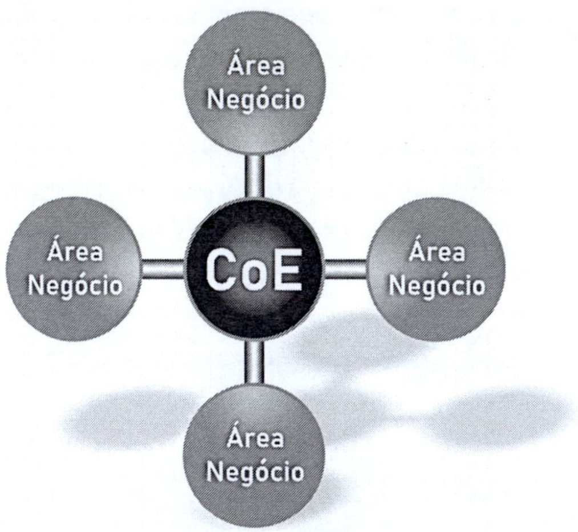

Figura 24.1. CoE centralizado.
Fonte: o autor.

CoE centralizado: neste modelo toda a estrutura de RPA da empresa é gerida por um únido CoE centralizador, normalmente localizado dentro da estrutura de TI. Como vantagem, ele apresenta uma estratégia e modelo de trabalho claros para toda a empresa, maximiza a eficiência e apresenta o maior ROI por ter a liberdade de definir a priorização dos processos a serem automatizados entre todas as áreas. Por outro lado, o baixo envolvimento das áreas de negócio nas definições de escolha desses processos pode desestimular sua implementação. Existe uma limitação na capacidade de fornecer serviços personalizados para as áreas e maior dificuldade para a sustentabilidade da solução.

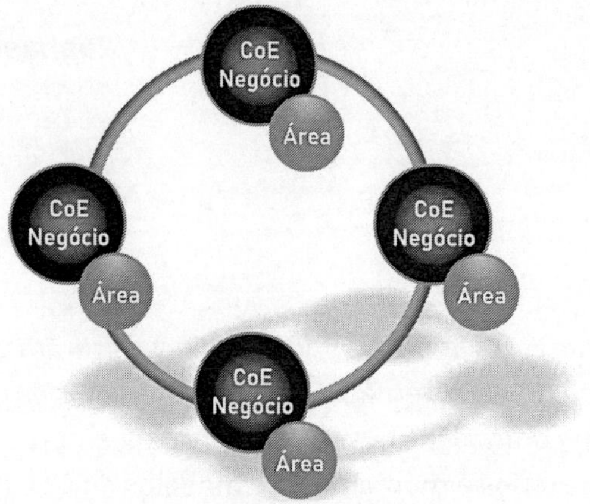

Figura 24.2. CoE descentralizado.
Fonte: o autor.

CoE descentralizado: neste modelo, cada área possui seu próprio CoE e por conta disso possui a liberdade de definir seu modelo de trabalho, fornecedor, ferramenta e estabelecer, entre seus processos, qual deverá ser priorizado, além de fornecer soluções pensadas e alinhadas diretamente às necessidades do negócio. Por outro lado, por não existir um padrão de utilização para toda a companhia, é o modelo que oferece menor ROI global para a empresa, uma vez que cada área pagará por projetos e ferramentas diferentes, que apresentam preços especiais de acordo com a quantidade de robôs contratados. Além disso, também é normal que ocorra sobreposição de competência e capacidade entre as áreas.

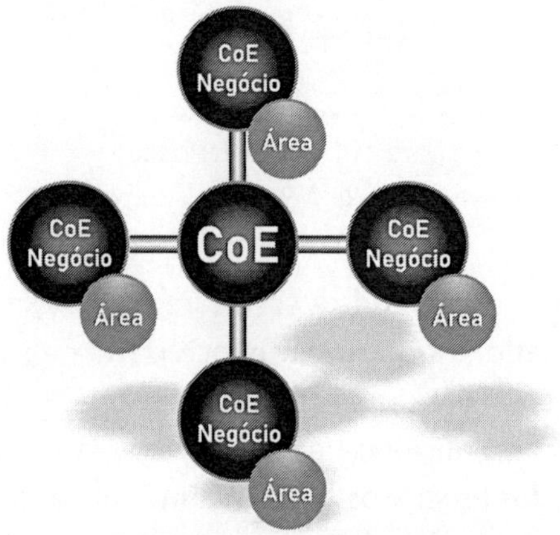

Figura 24.3. CoE federado.
Fonte: o autor.

CoE federado: neste modelo, que consiste basicamente em uma mescla dos dois modelos apresentados anteriormente, existe um CoE principal, normalmente instalado dentro da TI, e outros CoEs de negócio dividindo as responsabilidades. Nele temos como lado positivo o fato de o CoE principal definir um modelo de trabalho para toda a empresa, permitindo uma flexibilidade maior para as áreas de negócio priorizarem suas tarefas, ao mesmo tempo em que garante um bom ROI e padronização por ter o olhar geral do CoE principal. Como principal ponto negativo, existe o risco de não ocorrer um alinhamento estreito entre os CoEs de negócio e o CoE principal, podendo acarretar insatisfações e, em caso mais crítico, uma migração não planejada para o modelo descentralizado.

De forma resumida, não existe um modelo certo para todas as organizações, e sim um modelo mais adequado para cada momento da organização nessa era de transformação digital. Com isso, podemos resumir as vantagens e desvantagens de cada modelo no seguinte quadro:

Figura 24.4. Vantagens e desvantagens.
Fonte: o autor.

Visando facilitar um pouco mais a comparação e ajudar na identificação do melhor modelo a ser adotado, apresentamos a figura a seguir, onde podemos avaliar, de acordo com diversos fatores críticos de sucesso e *outcomes*, qual modelo melhor se adequa às expectativas da organização.

		MODELO CENTRALIZADO	MODELO FEDERADO	MODELO DESCENTRALIZADO
Fatores críticos de sucesso	● Otimização da alocação de recursos nas atividades do CoE	● ● ○	● ● ●	● ● ○
	● Otimização da utilização dos robês	● ● ●	● ● ○	● ○ ○
	● Conformidade aos padrões da organização	● ● ●	● ● ○	● ○ ○
	● Potencial de captura das oportunidades de automação	● ○ ○	● ● ●	● ● ●
	● Condução das mudanças nas áreas de negócio	● ○ ○	● ● ●	● ● ○
	● Distribuição de responsabilidades	● ● ○	● ● ●	● ○ ○
Outcomes	○ Alinhamento às necessidades do negócio	● ● ○	● ● ●	● ● ●
	○ Flexibilidade e velocidade de entrega	● ○ ○	● ● ○	● ● ●
	○ Escalabilidade	● ● ○	● ● ●	● ○ ○
	○ ROI	● ● ●	● ● ○	● ○ ○

Figura 24.5. Comparação dos modelos de COE.
Fonte: o autor.

Uma vez selecionando o modelo que melhor se adeque ao momento atual da organização, é fundamental que seja implementada toda uma estrutura de processos a serem seguidos, assim como os responsáveis por cada um desses processos, conforme discutimos no capítulo anterior, ou seja, gestão da demanda, gestão de incidentes e gestão de mudanças.

25. Segurança dos robôs

Renato Pinheiro de Souza

Segundo a norma ISO/IEC 27000:2018 – Information Security Management Systems (ISO, 2018), "a informação é um ativo que, como qualquer outro ativo importante, é essencial para os negócios de uma organização e consequentemente necessita ser adequadamente protegida".

Em um cenário cada vez mais *on-line*, a informação está exposta a um número sem precedentes de ameaças que podem causar danos diretos e mensuráveis como a perda de informações sensíveis de um projeto de um novo produto, por exemplo, ou prejuízos financeiros, com multas e processos decorrentes de vazamentos de dados. Entretanto, os danos não mensuráveis podem ser ainda maiores, pois, com a exposição de fragilidades nas "proteções" da empresa, sua imagem junto a parceiros e clientes pode ficar muito comprometida. Tudo isso torna a proteção citada pela ISO ainda mais crítica para o negócio.

Pilares da segurança da informação

Concluímos então que a segurança da informação deve ser "pensada" desde o momento do projeto de implantação da RPA na empresa. Mas o que devemos considerar ao tratarmos desse tema? Na literatura existe um consenso sobre os serviços essenciais que devem ser garantidos, os chamados pilares da segurança:

- ✓ **Confidencialidade:** trata da garantia que o acesso à informação será realizado apenas e tão somente pelas entidades autorizadas pelo proprietário da informação.
- ✓ **Integridade:** trata da garantia de que a informação mantenha todas as características originais de quando foi produzida. Isso deve ser garantido não apenas enquanto essa informação estiver em trânsito entre pares de uma comunicação, mas também quando estiver em repouso.

- ✓ **Autenticidade:** trata da garantia da identidade de quem está enviando a informação, gerando com isso o não repúdio que se dá quando há garantia de que o emissor da informação não poderá negar a autoria da mensagem.
- ✓ **Disponibilidade:** trata da garantia de que a informação possa ser acessada pelos usuários autorizados onde quer que estejam, no momento que desejarem. Alguns autores destacam a disponibilidade como o pilar fundamental, uma vez que sem que a informação esteja disponível não é possível avaliar nenhum dos demais pilares.

Percebemos então que uma falha de segurança não é apenas aquela utilizada por atacantes para causar dano ou conseguir acesso ao ambiente, mas qualquer parte da infraestrutura que afete um desses pilares.

O equilíbrio da segurança

Antes de começarmos a tratar de segurança voltada para a RPA, temos uma consideração importante a fazer. Não existe sistema 100% seguro. O trabalho dos profissionais de segurança da informação é tornar esses sistemas tão seguros quanto for possível – e, principalmente, seguros de acordo com as necessidades e com a capacidade da empresa.

O equilíbrio é a palavra-chave aqui: de um lado são listados os requisitos de segurança específicos para o cenário do projeto e de outro questões como capacidade de atendimento desses requisitos pela ferramenta, manutenibilidade, custo etc.

Com essa abordagem podemos conseguir alguns resultados importantes do ponto de vista de segurança, como, por exemplo, o mapeamento de quais requisitos de segurança não estão sendo atendidos, permitindo que sejam criados controles para reduzir ou pelo menos monitorar essa possível superfície de ataque e também, a partir desse mesmo mapeamento, a construção de um plano de ação com os requisitos de segurança pendentes e que poderão ser tratados quando for possível.

Segurança em RPA

Dizemos em nossas apresentações sobre RPA que os "robôs" são criados para mimetizar o trabalho do ser humano, fazendo-o de maneira mais rápida e com menos erros. Apesar desse mimetismo, os "robôs" constituem uma nova entidade interagindo com a infraestrutura tecnológica da empresa, expandindo com isso a gama de possíveis ataques. Assim, sua implantação deve ser planejada tendo não apenas como foco a redução de FTEs (*Full-Time Equivalent*) ou de erros nos processos, mas também a segurança considerando as particularidades de sua operação.

Como citado no parágrafo anterior, um ambiente de RPA traz novos paradigmas para a infraestrutura de TI que precisam ser considerados. Isso se torna ainda mais crítico, pois os "robôs" normalmente têm acesso a sistemas e informações sensíveis e, dependendo de como forem configurados, funcionam em estruturas normalmente reservadas às aplicações de missão crítica. Com isso, ao explorar uma falha, um atacante poderia conseguir acesso não apenas a esses dados sensíveis, mas teria uma porta aberta para executar ataques a essa estrutura reservada.

Nesse ponto cabe um destaque. Ao contrário do que vemos nos filmes hollywoodianos, um ataque dificilmente é realizado a partir de um ponto único de falha. Em geral, os atacantes exploram falhas sobre falhas a fim de conseguir um acesso mais extenso aos recursos atacados. Dessa maneira, mesmo que, em um dado momento, a infraestrutura da RPA não possua vulnerabilidades conhecidas, ela pode ser usada como ponte para a exploração de falhas em outros ambientes.

Além disso, existem questões ligadas à segurança do próprio ambiente de RPA, que em várias situações se torna o ponto central na operação entre diversos sistemas da empresa. Com isso, falhas que causem períodos de indisponibilidade nesse ambiente podem afetar toda a operação.

É de vital importância que consideremos a disciplina da segurança da informação desde a construção do projeto para a adoção da RPA. Trata-se de um conceito conhecido como *security by design*, que basicamente significa levar em conta a segurança durante todo o processo de desenvolvimento de qualquer solução. Não apenas com um enfoque na solução em si, mas considerando todas as partes que a compõem e sustentam. Com essa abordagem busca-se o oposto de uma segurança reativa, através da incorporação de práticas e ferramentas que visem diminuir a quantidade de ameaças às quais a solução estará exposta.

As camadas de segurança

Neste livro, ao tratarmos da segurança dos robôs, dividiremos nossa abordagem em duas camadas. A primeira olha para a solução de RPA em si e a segunda trata de alguns pontos ligados à coexistência dos robôs com a sua vizinhança, pensando em como eles afetam e são afetados por ela.

Camada do robô

A seleção da solução

Como foi dito anteriormente, é preciso levar a segurança em consideração desde o início do projeto de implantação da solução de RPA. Sendo assim, alguns requisitos da solução elencados nesta fase precisam ser considerados:

- ✓ Recuperação de falhas.
- ✓ Mecanismos para comunicação com os sistemas envolvidos.
- ✓ Controle de credenciais.
- ✓ Capacidade de crescimento (*up and out*).
- ✓ Criptografia de dados e na comunicação.

Além desses requisitos impactarem o custo e por vezes eliminarem da seleção alguns dos *players*, a sua não especificação pode acarretar a necessidade de utilização de ferramentas complementares à solução, tornando-a difícil de se manter e por vezes aumentando a complexidade das automações e a superfície vulnerável a ataques.

Disponibilidade

Cada vez mais as soluções de RPA têm figurado como ferramenta fundamental para a operação das empresas, tendo um papel central na execução de processos e na integração de sistemas. Com isso, é preciso levar em consideração cenários de falhas na arquitetura que sustenta a solução. Podemos utilizar diversas estratégias, relacionadas a seguir.

Backup

Provavelmente o leitor já escutou a frase "o ótimo é inimigo do bom", fazendo referência ao fato de muitas vezes não implementarmos algo porque seria apenas bom, quando gostaríamos de ter algo ótimo.

Quando falamos de segurança, principalmente devido à complexidade e ao custo envolvido na implementação de algumas soluções, precisamos ter essa máxima em mente. Em muitos momentos será melhor ter primeiro um "bom", passo inicial em direção ao ambiente "ótimo", do que não nos movermos até que esse "ótimo" seja realizável.

O *backup* como mecanismo de disponibilidade de um ambiente é um bom primeiro passo, pois, em caso de indisponibilidade por perda de dados, a restauração desses dados permite deixar o ambiente novamente disponível.

O sucesso dessa estratégia está diretamente ligado ao seu planejamento. Questões como alinhamento do método de *backup* com o indicado pelo fabricante da solução de RPA (apenas de dados ou de outras entidades, como, por exemplo, máquinas virtuais), periodicidade, tipo de mídia e processo de restauração documentado serão fundamentais para que ela realmente funcione.

Finalmente, cabe destacar que ter um processo de *backup* que nunca foi testado, no sentido de ter seus dados restaurados em uma simulação de incidente de indisponibilidade, pode significar que na verdade ele não existe. Por isso recomenda-se um processo periódico de testes desse processo.

Alta disponibilidade

Outra estratégia disponível em diversas das soluções de RPA no mercado é a recuperação automática de falhas através de mecanismos de alta disponibilidade.

Essa estratégia pode ser conseguida através de recursos da própria solução, que pode disponibilizar servidores de orquestração e servidores de execução de automações redundantes, e mesmo através de soluções de replicação do ambiente através de, por exemplo, ferramentas de virtualização.

Com relação a esse ponto, é importante notar que as soluções disponíveis no mercado oferecem diversos níveis de recursos de alta disponibilidade, variando inclusive de acordo com o tipo de implementação utilizada, *on premises* ou *cloud*. Dessa maneira, o nível requerido pela empresa deve ser avaliado ainda no momento de projeto da implantação da solução.

Cabe ressaltar ainda que, nesses casos, é preciso dar uma atenção especial ao licenciamento da solução, que pode variar tanto para habilitar a alta disponibilidade nativa da plataforma quanto para utilizar esse recurso provido por ferramentas externas.

Proteção de credenciais

As soluções de RPA normalmente interagem com diversos outros sistemas da empresa e é uma boa prática que, para cada um deles, sejam utilizadas credenciais distintas. Isso nos leva a um outro ponto importante a ser considerado: a gestão e proteção das credenciais utilizadas pelas automações.

É crítico que a solução seja capaz de manter, de maneira segura, as credenciais utilizadas tanto quando estiverem em repouso, armazenadas e fora de uso, quanto durante a sua utilização.

Além disso, é importante que, para fins de auditoria, a solução mantenha registro da utilização dessas credenciais por qualquer entidade da solução, tais como usuários, desenvolvedores, administradores e robôs.

Finalmente, como cada vez mais as soluções de RPA são utilizadas por toda a empresa, é crucial que elas sejam capazes de realizar um recorte de permissões, dando acesso apenas às credenciais a que uma dada entidade tenha acesso. Por exemplo, um desenvolvedor criando uma automação para um determinado "sistema XPTO" só deveria ter acesso às credenciais relacionadas a esse sistema.

Gerenciamento de vulnerabilidades

Como toda aplicação dentro de uma infraestrutura tecnológica, a solução de RPA precisa ser incluída no controle de vulnerabilidades. Todos os itens que compõem a solução devem passar pelo processo de "blindagem", através do mapeamento das ameaças e sua respectiva mitigação.

Esse processo normalmente inclui cada componente da solução, automatizada ou não, nas políticas de atualização. Além disso, é uma boa prática realizar a remoção ou, pelo menos, a desabilitação de *logins* de usuários que não sejam mais utilizados e de serviços desnecessários. Também fazem parte desse processo a remoção e o bloqueio de execução de softwares diferentes daqueles que se destinam à função desejada pela solução.

Lembre-se: o robô mimetiza um humano ao executar seu trabalho, ou seja, muitas proteções que normalmente são pensadas para um humano podem e devem ser utilizadas para o robô. Mantenha soluções de antivírus e *firewall* sempre ativadas e considere a utilização da mínima permissão (*principle of least privilege*), onde apenas aqueles sistemas, sites, arquivos etc. que são necessários para a execução do processo automatizado estarão disponíveis.

Código-fonte

Como qualquer outro desenvolvimento, o poder do "robô" está no seu "código-fonte". Ele deve ser protegido e para isso podemos herdar a experiência obtida no desenvolvimento de software tradicional.

No desenvolvimento tradicional, além do uso do *backup* do código-fonte das automações, já discutido neste capítulo, é recomendável que ele seja versionado, permitindo com isso que seja possível auditar a autoria de cada alteração e retornar a um ponto funcional do "código" no caso de evoluções malsucedidas.

Adicionalmente, é uma boa prática muito recomendável que o código-fonte em si seja auditado, ou pelos pares de desenvolvimento ou mesmo pela equipe de segurança, evitando aquilo que no mercado é chamado de *security by obscurity*.

Finalmente, a utilização de *frameworks* de desenvolvimento, tanto do fabricante da solução quanto de padrões de mercado, como a OWASP (*Open Web Application Security Project* – <https://owasp.org/>), pode reduzir a superfície de ataque.

Camada da vizinhança

Como já dissemos algumas vezes, as soluções RPA mimetizam as atividades de um ser humano, mas é importante ter em mente que, apesar de mimetizá-las, os "robôs" são capazes de executar muito mais operações simultaneamente, utilizando mais recursos e de formas diferentes.

Dessa maneira, é importante considerar o impacto da execução dos processos automatizados na infraestrutura de TI da empresa. Podemos listar alguns exemplos de situações em que comumente a "vizinhança" do robô não é considerada.

No âmbito da infraestrutura em si podemos citar questões ligadas ao consumo de banda de rede e internet, já que, em alguns casos, os "robôs" podem executar as atividades centenas de vezes mais rápido que um ser humano; assim, a conexão do servidor com a rede e mesmo da rede com a internet pode ser consumida em sua totalidade, impactando não apenas a execução dos processos automatizados, como outros itens da infraestrutura.

Ainda sobre a infraestrutura, precisamos considerar as licenças de softwares e serviços. Dependendo do tipo de licenciamento da solução RPA e de como o processo automatizado for construído, é possível executar várias "cópias" simultaneamente.

Assim, um processo que antes da automatização consumia apenas um certo número de licenças, normalmente uma por usuário, pode passar a consumir mais do que foi planejado. Por exemplo, a empresa possui uma licença do sistema ERP para cada um dos três colaboradores de um determinado setor, mas após a automatização dos processos quatro "robôs" passam a funcionar simultaneamente, exaurindo assim todas as licenças e impedindo que seus colegas humanos utilizem o ERP.

Esse olhar para a vizinhança precisa considerar todas as demais áreas, uma vez que os "robôs" figuram como uma nova peça na arquitetura de TI. É importante que áreas como a de segurança da informação e governança sejam envolvidas, para que incluam a solução RPA em suas estratégias. Os robôs podem, por exemplo, disparar alarmes nos sistemas de monitoramento de segurança lateral, caso estabeleçam algum tipo de comunicação não prevista por esse monitoramento. Da mesma maneira, por exemplo, caso os processos de gestão de mudanças não considerem os "robôs", alterações em sistemas envolvidos nos processos automatizados podem afetar, sem aviso prévio, plano de *rollback* etc. e a sua operação da solução RPA.

É claro que essa lista não é nem de longe completa, mas um exemplo do ponto que queremos transmitir: qualquer que seja a solução de RPA, independentemente do tamanho, sua adoção deve ser avaliada por toda a empresa e pelos demais times envolvidos na arquitetura de TI corporativa.

26. Realização de benefícios

Felipe Parreira

Dada a importância da criação do Centro de Excelência (CoE) para a jornada RPA, vale nesse momento ratificá-la apreciando os benefícios dessa implementação.

A medição dos benefícios por vezes fica restrita ao que chamamos de retorno sobre o investimento (ROI), uma simplificação amplamente utilizada no início da jornada, mas que pode causar uma limitação nociva no escopo e, consequentemente, a adoção de uma argumentação improcedente para a não criação do CoE.

Para evitar esse caminho é necessário identificarmos o que pode ser medido como benefício, com o que podemos comparar e quais são as visões-chave abrangidas. Importantíssima também é a correta utilização dessas informações. Então identificarei algumas visões, suas medições principais e suas atribuições.

Vamos começar com a visão financeira do CoE, talvez a mais difundida e a mais esperada como benefício. Nesse momento se faz necessário alinharmos algumas definições gerais sobre os custos envolvidos e algumas atividades relacionadas.

Temos então o custo de implementação e desenvolvimento. Na implementação relacionamos os custos com a aquisição da ferramenta que será utilizada para as automações. Visando evitar uma escolha adversa de ferramenta, algumas empresas optam por conduzir uma prova de conceito (*Proof of Concept*, POC), normalmente subsidiada por um parceiro de implementação. Outra atividade bastante importante é a minuciosa análise para correta seleção do processo inicial, isto é, o que será automatizado na POC.

Mesmo sabendo que não teremos nunca implementações iguais, algumas dicas para a escolha do processo inicial correto são: medir o quão repetitivo e tedioso ele é para o humano.

Para isso vale recorrer ao monitoramento de processos da companhia, podendo-se utilizar as práticas de melhoria contínua ou também explorar a análise de *logs* extraídos dos sistemas envolvidos no referido processo. Vale ressaltar que existem ferramentas de mercado para isso. Outra dica são os processos que estão mais propensos a erros e que podem ter gerado penalizações à empresa. Pode-se levar em consideração também quais são os processos que mais causam abertura de chamado por parte dos clientes. Vale também analisar quais são os que mais fogem às regulamentações ou aos critérios de conformidade.

Ainda na implementação temos os custos com infraestrutura, que inicialmente são mínimos, mas que possuem uma tendência de crescimento exponencial dadas a ambição e a necessidade do negócio por disponibilidade, pelo planejamento de recuperação de desastres, bem como os objetivos de tempo.

Passando para o desenvolvimento, é sabido que, desde que tenhamos a correta seleção da ferramenta de RPA, esses custos inicialmente não devem ser significativos, pois o tempo de implementação de uma solução de RPA é muito menor se comparado com outras tecnologias. Deve ser levado em consideração também o custo com treinamentos e integrações mais robustas.

Os aumentos de custos supracitados estão relacionados diretamente à criação do CoE, que por sua vez tem como um dos seus papéis fundamentais a forte cultura de monitoramento e melhoria contínua, o gerenciamento de procedimentos e a criação de uma estrutura base de desenvolvimento.

Precisamos também citar os custos recorrentes, que são relativos à sustentação. Basicamente, são os custos envolvidos com licenciamento, manutenção e monitoramento de infraestrutura e sustentação das soluções, tais como acompanhamento de efetividade, incidência de erros, manutenção ou substituição de sistemas envolvidos, adequações às regulamentações, validação das conformidades desenhadas, entre outros.

Passemos para a visão de eficiência e eficácia do CoE. Aqui temos indicadores de performance que são tradicionais, tais como:

- ✓ Tempo de execução do processo enquanto manual.
- ✓ Quantidade de repetições das etapas ou do processo.
- ✓ Quantidade de erros identificados.
- ✓ Deformidades no processo.

Todos esses indicadores devem ser medidos antes e depois da implementação da RPA, para que possam ser feitas comparações e, assim, garantirmos a conformidade com as expectativas e um provável rápido retorno.

Além desses indicadores, há que se levar em conta os indicadores de benefícios intangíveis, tais como:

- ✓ Redução do tédio com tarefas repetitivas.
- ✓ Aumento da satisfação.
- ✓ Aumento da motivação.

Um indicador importante relacionado ao aumento na produtividade do humano com a implementação da RPA é a melhora dos resultados da empresa, não só pela sua própria produtividade associada, mas pela liberação de tempo para outras atividades que exijam o intelecto humano.

Segundo o professor Sérgio Sakurai, da Faculdade de Economia, Administração e Contabilidade de Ribeirão Preto, da Universidade de São Paulo, o crescimento econômico se faz pelo acúmulo de produção, basicamente capital e trabalho, somado ao aumento da produtividade (JR, 2020).

Na terceira visão de benefícios do CoE teremos os indicadores relacionados ao cliente. Podemos até dizer que alguns desses indicadores estão na moda. São eles:

- ✓ Qualidade dos dados e dos processos na entrega ao cliente.
- ✓ Conformidade com os acordos de níveis de serviços.
- ✓ Quantidade líquida de clientes apoiadores das automações.

Podemos inferir indicadores que são mensuráveis, mas que estão relacionados a sentimentos intrínsecos, como níveis de satisfação (pela quantidade de elogios ou críticas) ou como níveis de familiaridade e segurança com a ferramenta (pela quantidade de interações).

Diante de todos esses pontos, temos a certeza de que saímos da superficialidade da análise apenas do ROI como benefício da implantação de um CoE de RPA.

27. A evolução do Centro de Excelência

Gilberto Strafacci

Uma vez definido o que é um Centro de Excelência, com seus diferentes tipos em função do nível de descentralização e das atividades que executa, vale abordarmos como iniciamos a estruturação do CoE e como ele evolui ao longo do tempo. Para fins de organização e de facilidade na compreensão, descreveremos três níveis de evolução do CoE ao longo do tempo.

Cabe ressaltar que a evolução do CoE é resultado da melhoria contínua da iniciativa de automatização a partir de um plano que busca o aumento de maturidade para alcançar o máximo de robôs e da digitalização das cadeias de valor.

Primeiros passos do CoE

A estruturação do CoE muitas vezes ocorre ao final da primeira jornada de desenvolvimento das automações, quando existe a preocupação de monitorar e sustentar os primeiros trabalhadores digitais. Mas é preciso notar que tipicamente já ocorreram algumas discussões importantes, mesmo que centradas na área de tecnologia: qual a plataforma de RPA? Como será a infraestrutura? Desenvolveremos com equipe própria ou terceirizada? Quem paga a conta?

Ou seja, o CoE nasce quase que organicamente, para anteciparmos problemas e trazermos discussões relevantes no momento mais adequado, antes que sejam emergenciais.

CoE Operacional

O CoE Operacional é uma estrutura multifuncional que se encarrega prioritariamente das funções de definição da plataforma tecnológica para RPA, sua arquitetura e a sustentação pós-produção.

Ou seja, o CoE Operacional é prioritariamente técnico, envolvendo a equipe de TI, e se preocupa em permitir que a plataforma de RPA seja devidamente instalada e que as primeiras automações sejam entregues e sustentadas.

Tipicamente, as primeiras automações desenvolvidas em uma organização deveriam servir como um piloto no sentido de permitirem o registro de lições aprendidas e boas práticas. O CoE Operacional, dessa forma, quer garantir que sejam feitos os primeiros desenvolvimentos em condições controladas.

Inclusive, as primeiras automações programadas, mais que gerar retorno financeiro ou ganhos de qualidade e produtividade, devem servir de base de conhecimento para o escalamento contínuo da iniciativa de RPA. A equipe do CoE deve estar atenta ao funcionamento da plataforma de RPA e às dificuldades acerca da passagem para a produção, principalmente com relação a acessos, ambientes e dados.

O CoE deve definir papéis e garantir que os responsáveis tenham autonomia na construção dos processos e em eventuais tomadas de decisão: é necessário determinar quem serão os responsáveis pela definição da plataforma de automação, arquitetura, acessos, passagem para a produção e sustentação.

Do ponto de vista dos desenvolvimentos, são definidos documentos para aprovação da demanda, aprovação da passagem para a produção, PDD e SDD.

Hackathon de início de jornada

Cada vez mais vemos grandes empresas organizando *hackathons* competitivos entre soluções e parceiros tecnológicos para avaliação e seleção da ferramenta de RPA. Essa é uma forma interessante de iniciar a jornada de automação e serve de base para a estruturação do CoE Operacional.

CoE Tático

Se o CoE Operacional está prioritariamente focado em garantir que as primeiras automações sejam entregues e sustentadas, o CoE Tático terá preocupações adicionais com gestão da demanda (quais automações devem ou não devem ser feitas), plano de comunicação com as áreas de negócio, evolução nas práticas de desenvolvimento, demonstração de retorno financeiro ou dos ganhos e gestão de mudanças.

Nesse sentido, o CoE Tático tipicamente envolve cada vez mais as áreas de negócio, as áreas responsáveis por melhoria de processos e qualidade e define uma estrutura que olhará o ciclo do desenvolvimento do início da documentação até a finalização do código, antes da produção, para garantir que as estimativas estejam sendo realizadas adequadamente e que a automação esteja sendo construída conforme as boas práticas de desenvolvimento.

Adicionalmente, nessa etapa, a equipe técnica inicia a avaliação de ferramentas ou tecnologias adicionais à RPA (tipicamente já disponíveis nas plataformas de automação), tais como integração com *chatbots*, inteligência artificial e utilização de dados para monitoramento e acompanhamento dos trabalhadores digitais. Há uma preocupação com a ocupação de licenças e ampliação de infraestrutura, conforme o crescimento do volume de implantações.

CoE Estratégico

Se o CoE Tático é uma evolução natural e necessária com base no crescimento do número de automações, o CoE Estratégico amplia a visão de automação para o contexto de *hyperautomation* e uso de RPA para outras aplicações e funções, tais como testes e qualidade dentro de TI. O CoE Estratégico absorve cada vez mais as atribuições de organização das iniciativas de melhoria contínua de processos e transformação digital da organização, de forma integrada.

Nesse sentido, o CoE Estratégico atuará cada vez mais descentralizado, com cada vez mais tecnologia, junto das áreas de negócio, para ampliar as iniciativas de *task mining* e *process mining*, por exemplo.

28. Descentralizando o RPA

Gilberto Strafacci

Já imaginou um contador ou um engenheiro que não usasse uma calculadora ou uma planilha de Excel? Ou um gerente de vendas que não usasse um telefone celular? Ou ainda uma gigante global de software que não usasse a internet? É impensável. Calculadoras, computadores pessoais, telefones celulares e a internet (apenas para citar algumas tecnologias) iniciaram como apostas, evoluíram para tecnologias restritas e há anos se democratizaram.

Tanto que, muitas vezes, nem são mais vistas como tecnologias, mas parte do nosso dia a dia. Isso tudo em apenas algumas décadas. De fato, algumas tecnologias evoluíram não apenas para serem adotadas, mas principalmente para serem incorporadas ao dia a dia das pessoas e das organizações. É assim que devemos pensar RPA e todas as plataformas de *low code* e *no code* que integram o arcabouço de tecnologias para automatização de processos.

Algumas tecnologias evoluíram ao longo de gerações, mas, com a velocidade de transformação da sociedade, dos mercados e das empresas, vemos uma aceleração desse cenário. Muitas pessoas estão incorporando tecnologia em paralelo com suas carreiras ou simplesmente pivotando para atuar como desenvolvedores profissionais. Isso exige dedicação, foco e tempo. Para que uma tecnologia seja incorporada no dia a dia ela precisa ser escalável, acessível e de fácil entendimento.

Falando em produtividade pessoal, hoje enfrentamos uma nova limitação: não há tempo suficiente para se concentrar em um trabalho verdadeiramente significativo ao qual os humanos agregam valor único. O volume de dados, sistemas e processos faz com que passemos mais tempo em atividades de registro, tabulação, ordenação e organização da informação do que na análise e tomada de decisão.

A RPA, nesse sentido, é uma tecnologia que tem a capacidade de desbloquear o potencial humano, ajudando milhares de organizações a automatizar processos tediosos, permitindo que os funcionários se concentrem nas tarefas cognitivas de maior valor.

Agora, por que uma organização deveria investir não só em RPA, mas também no escalamento e na democratização dessa tecnologia? Simples: porque existem tantas tarefas a serem automatizadas que não existirá nenhuma área composta de desenvolvedores que poderá fazê-lo de forma economicamente viável e com a velocidade necessária.

A equipe de RPA e seus desenvolvedores devem atuar em automações mais complexas, integrando outras tecnologias e evoluindo para *hyperautomation*. Já os *citizen developers* (desenvolvedores cidadãos) devem automatizar atividades simples, tipicamente individuais e por vezes passíveis de réplica e de compartilhamento com foco em robôs assistidos. Assim, qualquer organização que pensa na digitalização através da RPA deveria considerar as duas visões: RPA *top-down* (*developers*) e RPA *bottom-up* (*citizen developers*).

A RPA *bottom-up* tem por objetivo garantir que usuários finais realizem suas automações assistidas, gerando ganho em volume e considerando os seguintes aspectos:

1. Escolha de uma solução de RPA de fácil utilização.
2. Escolha de uma solução de RPA escalável, na nuvem, com custo de infraestrutura baixo ou previsível.
3. Processo de abertura e análise de demanda de forma simples, objetiva e não burocrática (descentralizada).
4. Capacitação de usuários finais para desenvolvimentos de baixo risco.
5. Capacitação de superusuários e analistas locais para suporte, documentação e alinhamento eventual com o CoE.
6. Evolução para um CoE descentralizado com governança madura e digital.
7. Apoio de TI (*business centric*) para liberação de licenças, acessos, acompanhamento e suporte de infraestrutura.
8. Monitoramento dos resultados em escala, avaliando indicadores indiretos como produtividade, eficiência, custos e até mesmo clima organizacional.
9. Compartilhamento de soluções e do capital intelectual gerado em termos de resultado e de aproveitamento de código a partir de um *marketplace* corporativo.
10. Estímulo à evolução através da capacitação e da participação em projetos com foco na identificação de perfis que querem evoluir em temas de tecnologia.

Vale a pena pensar RPA como uma iniciativa de empoderamento e desenvolvimento de pessoas: remover as limitações com as quais sua força de trabalho lida atualmente e devolver o tempo necessário para realizar um trabalho mais significativo.

Quando os funcionários começam a fazer parte da estratégia de automatização e usar RPA no dia a dia, eles irão naturalmente ver novas oportunidades para melhoria de processos e para usar a tecnologia de forma a gerar ganhos de produtividade. É, em suma, um efeito de rede que vai possibilitar ganhos em ambas as direções.

Para isso, é importante pensar uma trilha de capacitação e suporte, selecionando oportunidades e perfis para que cada vez mais pessoas estejam envolvidas na iniciativa de RPA. É natural começar pequeno, formar multiplicadores internos e ir crescendo de forma gradual.

Dessa forma, toda empresa deveria pensar como digitalizar seus processos em escala, tornando mais fácil para que os usuários mais experientes em tecnologia criem os seus próprios robôs, trazendo resultados em escala. Claro, sempre atentando-se para governança, qualidade, retorno do investimento e principalmente as pessoas.

PARTE V.
TECNOLOGIAS DA HIPERAUTOMAÇÃO

29. Braços: RPA como *backbone*

Gilberto Strafacci

Que fique claro: implantar a Automação Robótica de Processos (RPA) é como contratar um trabalhador digital que precisa ser capacitado para executar determinadas funções no dia a dia. Se existe o RH para os trabalhadores humanos, existem os analistas de negócio e os desenvolvedores para os assistentes digitais.

Uma RPA não irá, sem treinamento, executar as atividades para as quais ela foi designada, pois precisa ser programada para isso. As plataformas de RPA disponibilizam, através das licenças atendidas e não atendidas, um recurso que, através da programação, realizará atividades na quantidade para as quais foram projetadas.

Esse trabalhador digital poderá ter habilidades mais relacionadas a atividades braçais ou rotinas mais cognitivas. Se queremos construir um trabalhador digital e recebemos uma folha em branco, precisamos treinar suas atividades motoras, visuais, auditivas e cognitivas.

Aí está um ponto importantíssimo da visão que devemos ter sobre a RPA: é como ter uma espinha dorsal (*backbone*) sobre a qual vamos agregando tecnologias diversas até termos um trabalhador melhor do que nós mesmos para as atividades para as quais foi designado.

O primeiro passo da RPA, nesse sentido, é mimetizar os nossos braços: atividades mais simples de extração, migração e preenchimento de dados.

Seja um trabalhador com mais ou menos autonomia, iremos alocá-lo em atividades que ocorrem em grande volume, que são repetitivas e que não agregam valor em si. Se queremos um trabalhador digital, no início ele deve executar o trabalho braçal, garantindo a integração entre sistemas legados e fazendo um grande volume de tarefas que só são necessárias porque não temos a cadeia de processos sobre uma única plataforma digital.

A seguir, veremos como nosso trabalhador digital pode ganhar mais inteligência e funcionalidade através de olhos, ouvido, boca e cérebro.

30. Olhos: OCR, *Intelligent Document Processing*, *process* e *task mining*

Gilberto Strafacci

Um trabalhador digital que pode enxergar com certeza está mais próximo do que precisamos para as atividades de análise de processos e documentos.

Os exemplos mais comuns do uso da tecnologia RPA dizem respeito, principalmente, aos braços do trabalhador digital, ou seja, incluem a integração entre sistemas digitais, a extração e migração de dados entre sistemas legados, o preenchimento de informações em sistemas e sites e a tomada de decisões simples.

Já tarefas mais complexas envolvem o uso de inteligência e capacidade de interpretação e incluem análise e transcrição de informações de documentos manuscritos ou digitalizados e de atividades e fluxos de processos em ambientes digitais. Essa é uma grande dor para a digitalização fim a fim de processos: nosso trabalhador digital precisa ganhar olhos.

Ele precisa conseguir reconhecer, categorizar, extrair e transcrever dados de documentos, o ***Document Understanding*** ou ***Intelligent Document Processing***. Também precisa nos auxiliar no desenho e na visualização de atividades e processos para identificação do caminho crítico e de desvios em fluxos digitais, o ***task*** e ***process mining***. Apesar de serem funcionalidades distintas, ambas dizem respeito a funções que nós humanos realizamos prioritariamente com o sentido da visão.

Intelligent Document Processing

Pois bem, vamos por partes. Primeiro vamos falar sobre a tecnologia de *Document Understanding*. Ao contrário de filmes e séries, esses robôs não são dispositivos físicos ou programas de inteligência artificial totalmente autônomos que querem dominar o mundo. Podemos pensar neles como assistentes digitais treinados para processar documentos lendo e usando aplicativos como nós, inclusive integrados à RPA.

Por exemplo, os robôs utilizados para processamento de documentos podem gerenciar dados e outras funções no *front* e *middle office* realizando ações mais inteligentes, como eliminar entradas duplicadas ou resolver exceções ou desvios de sistema, evitando a propagação de erros. Além disso, os robôs podem ser treinados para ler, extrair, interpretar e agir com base nos dados dos documentos usando inteligência artificial (IA).

Uma das bases do *Document Understanding* é o OCR. Mas o que essa tecnologia significa e como funciona? Literalmente, OCR significa ***Optical Character Recognition***. É uma tecnologia amplamente difundida para reconhecer texto dentro de imagens, como documentos digitalizados e fotos. OCR é usado para converter virtualmente qualquer tipo de imagem contendo texto escrito (digitado, manuscrito ou impresso) em dados de texto legíveis por máquina.

O OCR tornou-se popular no início dos anos 1990, na tentativa de digitalizar jornais históricos. Desde então, a tecnologia passou por diversas melhorias. Hoje em dia, as soluções oferecem precisão de OCR quase perfeita. Métodos avançados como *OCR Zonal* são usados para automatizar fluxos de trabalho baseados em documentos complexos.

Não existe uma única abordagem tecnológica para extração de informações de documentos, assim como não existe somente um tipo de documento. Existem abordagens baseadas em regras e abordagens baseadas em modelos de OCR para lidar com dados de diferentes estruturas de documentos, como veremos a seguir.

Documentos estruturados

Neste tipo de documento, os layouts e modelos são geralmente fixos e quase consistentes. Todos esses documentos serão idênticos e terão os mesmos campos, como número de identificação, nome da pessoa, idade e alguns outros nas mesmas posições. Apenas os detalhes variam. Pode haver algumas restrições, como estouro de tabela ou dados não arquivados.

Normalmente, a abordagem recomendada usa um modelo ou mecanismo baseado em regras para extrair as informações para documentos estruturados. Isso pode incluir expressões regulares ou mapeamento de posição simples com OCR. Portanto, para integrar robôs para automatizar a extração de informações, podemos usar modelos preexistentes ou criar regras para nossos dados estruturados. Há uma desvantagem em usar a abordagem baseada em regras, uma vez que depende de partes fixas e mesmo pequenas alterações na estrutura do formulário podem causar falhas nas regras.

Documentos semiestruturados

Esses documentos contêm as mesmas informações, mas são organizados em posições diferentes. Normalmente, as abordagens baseadas em regras não oferecem alta precisão; portanto, é necessário incluir o aprendizado de máquina e os modelos de aprendizado profundo para a extração de informações usando OCR. Como alternativa, em alguns casos, podemos usar modelos híbridos envolvendo regras e modelos de *machine learning*. Alguns modelos pré-treinados populares são FastRCNN, Attention OCR e Graph Convolutions para extração de informações de documentos.

Documentos não estruturados

O RPA hoje é incapaz de gerenciar dados não estruturados diretamente, exigindo, portanto, que os robôs primeiro extraiam e criem dados estruturados usando OCR. Ao contrário dos documentos estruturados e semiestruturados, os dados não estruturados não possuem alguns pares de valores-chave. Para que os modelos de *machine learning* possam processá-los com precisão, os robôs precisam aprender como transformar o texto escrito em dados acionáveis, como um e-mail, número de telefone ou endereço. Por exemplo, o modelo aprenderá que padrões numéricos de 9 ou 13 dígitos devem ser extraídos como números de telefone e texto enorme contendo códigos de cinco dígitos e substantivos diferentes devem ser extraídos como texto. Para tornar esses modelos mais precisos, também podemos usar técnicas de processamento de linguagem natural (PLN), como reconhecimento de entidade nomeada e incorporação de palavras.

O principal motivo para a integração de *bots* para a compreensão de documentos é automatizar todo o processo do início ao fim. Tudo o que precisamos fazer é criar um fluxo de trabalho para os *bots* aprenderem, sentar e relaxar. Durante o processo de validação, podemos interagir com as informações e análises realizadas pelos *bots* (*human in the loop*), onde quaisquer erros ou fraudes são identificados e, por regra de negócio, eventualmente tomamos a decisão final.

Para tarefas gerais, como extração de tabelas e informações, teremos que criar diferentes canais de aprendizado para diferentes tipos de documentos. Isso leva à construção de várias soluções e à implantação de vários modelos com diferentes abordagens. Melhorar e padronizar processos é um caminho, assim como dispor de uma tecnologia e uma plataforma de automatização versátil o deixa com mais opções. Por exemplo, podemos integrar vários serviços terceiros especializados em leitura de documentos ou modelos prontos, para ganhar qualidade em escala.

Vale lembrar que *Document Understanding* é a trinca de ases da automação de processos: redução de tempo, redução de atividades repetitivas e melhoria da qualidade com redução de retrabalho e ganhos tangíveis. Sempre buscamos automatizar processos que irão gerar ganho de produtividade – e, tipicamente, a extração de informações de documentos consome muito tempo, ocorre de maneira frequente, possui alta taxa de erros e o impacto da falha se desdobra por toda a cadeia, gerando necessidade de controles, retrabalho, além de causar impacto na jornada do cliente interno e externo.

As plataformas de automatização líderes de mercado têm feito um ótimo trabalho para tornar a compreensão de documentos mais rápida e fácil. Seja com aplicação nativa ou terceira, hoje dispomos de soluções minimamente preparadas para serem implantadas, customizadas e treinadas em um curto espaço de tempo. Dessa forma, considerar *Document Understanding* dentro do seu portfólio de soluções tecnológicas de *hyperautomation* e transformação digital não só é possível, como também é necessário e urgente.

Process mining e *task mining*

Voltando agora ao desafio da visualização de processos, podemos citar duas tecnologias fundamentais e que muitas vezes são confundidas: *task mining* e *process mining*.

A forma mais fácil de diferenciar ambas as tecnologias é pensarmos sobre quais tipos de dados elas estão alicerçadas. *Process mining* atua sobre **dados de negócios** que têm origem em sistemas transacionais como registros de eventos com data e hora. Eles revelam cada etapa e potenciais desvios de um processo de negócios, com base no que aconteceu e quando. Por exemplo, dados de um pedido de compra que foi criado, aprovado, produzido, despachado e faturado.

Já os dados da **área de trabalho** são todos aqueles provenientes da interação do usuário com o sistema em cada etapa do fluxo transacional. Por exemplo, preencher o pedido de compra, verificar se os valores estão corretos, definir a data das faturas ou preencher dados cadastrais do cliente para uma eventual interação por um canal de atendimento.

Task mining

Task mining é a tecnologia de descoberta, monitoramento e análise de dados proveniente da interação de um usuário, em um ambiente digital, com seu *desktop*. Isso permite que as organizações possam analisar, através da gravação de comportamentos e posterior visualização e comparação, como sua equipe está realizando determinadas atividades.

Como funciona?

Em seu nível mais básico, o *task mining* coleta as ações das pessoas que estão fazendo os processos de negócios acontecerem, detectando automaticamente os sistemas com os quais os usuários estão interagindo. Em sequência, podemos destacar cinco etapas: captura dos dados da área de trabalho, adição de informações com base em OCR, agrupamento de atividades com base em PLN (processamento de linguagem natural), visualização dos dados e otimização dos fluxos.

Task mining é uma tecnologia cada vez mais integrada ao ecossistema de RPA, principalmente como apoio à construção da documentação do processo, tipicamente descrita no registro chamado PDD (*Process Design Document*). A ferramenta de *task mining* é disponibilizada para o analista de negócios e usuário final para que seja feita a gravação do fluxo do usuário e, quando possível, extraída para a ferramenta de construção da RPA. As plataformas líderes de mercado permitem a construção automática de documentação e até mesmo construção de um código inicial de como a automatização deveria se comportar, possibilitando ganho em qualidade e tempo.

Process mining

Process mining é uma área de pesquisa relativamente nova e está relacionada ao aprendizado de máquina e à mineração de dados. A ideia básica é descobrir, monitorar e melhorar processos reais, extraindo conhecimentos de *logs* de eventos disponíveis em diversos sistemas de informação em fluxos transacionais.

Qualquer que seja a natureza do processo, a partir do momento em que é suportado por ferramentas digitais, a informação é criada e armazenada pelos respectivos sistemas informáticos (ERP, CRM etc.) e nomeada através de *logs* de aplicações e transações de dados de negócios. Essas informações armazenadas costumam ter semelhanças e possibilitam traçar o caminho de um "objeto" por diferentes estágios em diferentes momentos no tempo.

O *process mining* se baseia em ferramentas que utilizam essas pegadas digitais para reconstruir, visualizar e analisar processos, proporcionando transparência e objetividade ao processo real.

Como funciona?

Para serem utilizáveis, essas pegadas digitais devem incluir pelo menos uma instância que será seguida ao longo do processo, com um identificador único. A escolha desse objeto influencia o escopo do processo estudado e pode ser uma identificação do cliente, da ordem de compra ou do produto sendo desenvolvido ou despachado. Adicionalmente, é necessário termos histórico da etapa do processo estudado. A escolha das atividades influencia a granularidade do processo e o potencial de visualização do caminho crítico e dos desvios, além, claro, da ordem das atividades e do tempo.

Pode ser interessante coletar dados adicionais dependendo do processo, por exemplo: fornecedor, tipo de produto, localização, usuário, gerência, canal, status e muito mais. Isso permitirá uma investigação mais aprofundada através de comparações e detalhamentos específicos.

A partir desses dados, é possível visualizar uma representação do processo ideal e todos os desvios dele. Isso permite a detecção precoce de potenciais ineficiências no processo.

Além da representação do processo, também se pode olhar para os tempos de execução de cada etapa, ou seja, olhar um escopo mais limitado para identificar onde, quando e por que o processo se desvia de sua versão ideal.

Dessa forma, *process mining* pode ser integrado à RPA no sentido de identificar potenciais aplicações e também monitorar o *log* dos robôs, fazendo comparações e demonstrando ganhos dos trabalhadores digitais.

Gêmeos digitais

No limite, podemos criar um gêmeo digital de uma cadeia de valor através da coleta massiva de dados e representar, através de modelos matemáticos e estatísticos, o processo físico. Além da visualização proposta pelo *process mining*, é possível predizer e simular condições a partir de determinadas variáveis, criando cenários digitais que auxiliam organizações na avaliação da sua robustez, capacidade e eficiência operacional.

31. Cérebro: dados e inteligência artificial

Evandro Correia
Lucia Rakauskas

No corpo humano, o cérebro possui várias funções, dentre elas consciência (podendo ser múltipla), pensamento analítico, raciocínio e linguagem. Com essas características ele pode nos manter em movimento, nos colocar fora de perigo, reconhecer padrões e com esse foco podemos usar IA (inteligência artificial) de forma sintética como um emulador de algumas das funções do cérebro humano com dados servindo de informações de entrada para abstração e geração de *insights*.

Neste capítulo há uma contextualização do que esperar da tecnologia RPA quando unimos dados e inteligência artificial. Já vimos anteriormente a contextualização da RPA 2.0 e discorremos ao longo do livro sobre hiperautomação. Aqui neste capítulo esses conhecimentos serão necessários para entendermos melhor a relação entre essas tecnologias.

O site de cursos de ciência de dados DSA (*Data Science Academy*) traz uma visão concisa de RPA + IA, descrevendo da seguinte forma:

> ***RPA + IA***: *imita a atividade humana por meio de recursos de visão computacional, reconhecimento de fala e detecção de padrões e pode manipular dados estruturados, semiestruturados e não estruturados. O aprendizado de máquina permite que os robôs aprendam como processar e também melhorar processos que levam ao comportamento probabilístico. (DATA SCIENCE ACADEMY, 2021)*

Daí vem a pergunta: por que mesclar todas essas tecnologias? P.R. Krishnan, vice-presidente executivo da Tata Consultancy Services, diz que RPA é tão simples de adotar quanto insuficiente em diversas situações. E também completa sua opinião dizendo que escalar RPA requer uma curadoria bem-feita de combinações de diferentes automações para cada tipo de empresa (LAWTON, 2020). Isto é, essas combinações envolvem IA para mineração de processos, categorização através de árvores de decisão, redes neurais para análises preditivas, dentre várias outras possibilidades.

Cabe pensarmos que *bots* RPA não possuem em seu cerne qualquer inteligência e qualquer regra. Por mais resiliente que se torne o robô a implementá-la, não possui uma habilidade de autotreinamento; seguirá rotinas muito bem estipuladas onde encontraremos o motivo e o meio para serem utilizadas as tecnologias que o façam ganhar esse poder cognitivo, por meio do uso de dados e IA.

Edgar Garcia (2020), diretor comercial de uma grande fornecedora de ferramentas de hiperautomação, afirma o seguinte: "costuma-se dizer que a IA é a cabeça e o RPA são as mãos que executam o que a cabeça determina! Mas por que algumas empresas ainda são resistentes em combinar essas tecnologias e escalar IA dentro das corporações?".

Ainda segundo Garcia (2020), "falta de talentos, preocupações com privacidade, falta de entendimento da aplicação da tecnologia, qualidade dos dados, barreiras organizacionais, complexidade da integração são algumas das dificuldades apontadas".

Assim, "automações aprimoradas com inteligência artificial exigem um veículo de entrega (robô) que dê visibilidade às automações e aos modelos de *machine learning* e que permita uma interação fácil com trabalhadores humanos para validação e correção" (GARCIA, 2020).

Como informado anteriormente, os dados que podem ser coletados, gerados ou geridos através de uma RPA são insumos importantes dentro de um *hub* de automação e dentro de uma história que se quer escrever. Ainda dentro dessa linha de montagem, toda a gama de inteligência envolvida no tratamento e nas saídas desses dados é insumo para processamentos e geração de valor para as empresas.

Note que, dentro desses ecossistemas, nós vemos:

1. RPA capturando, tratando e armazenando dados.
2. IA gerando informações, procurando e definindo padrões entre as correlações desses dados.
3. Dados se transformando em informações e realimentando esse sistema com novas possibilidades.

Algo parecido como o que nosso cérebro faz? Sim. E como funciona nosso cérebro? Um exemplo: o aluno de programação está assistindo ao professor passar ali uma estrutura de condições, e nosso aluno jamais teve contato com o assunto. O processo de aprendizado deste aluno é por observação: ele assiste atentamente ao conteúdo para poder armazenar as informações e depois decidir se vai anotar, ditar para um gravador ou mesmo tirar uma foto do quadro.

Segundo momento. O aluno possui os dados na sua cabeça, ainda tentando entender. Ele decompõe esses dados, faz correlações e decide uma nova forma de tratar os dados para conseguir compreender melhor. Então ele, quando entende essas informações, procura um meio de "gravá-las" – neste exemplo, em um caderno.

Num terceiro momento, nosso jovem herói, já entendendo a estrutura de condições e fazendo paralelos ali com termos como "se e senão", já pensando em possíveis aplicações para esse aprendizado, começa a ler suas anotações e criar modelos e novas possibilidades de aplicações, diferentes das capturadas em sua fonte de origem (seu professor e o quadro negro), gerando assim um novo ciclo de captura de ideias, reaprendizado e novas anotações, em um ciclo virtuoso.

Então:

1. ALUNO capturando, tratando e armazenando dados.
2. CÉREBRO do ALUNO gerando informações, procurando e definindo padrões entre as correlações desses dados.
3. Dados das ANOTAÇÕES se transformando em informações e realimentando esse sistema cerebral com novas possibilidades.

Para se tornar mais funcional na sua tarefa de obter dados, um cérebro talvez precise ter boas entradas – e aí aparecem tecnologias como OCR e NLP, que representariam, nessa analogia com o corpo humano, respectivamente olhos e ouvidos.

1. *Natural Language Processing* (NLP)

Segundo Laduram Vishnoi (2020), CEO fundador da DZone, uma das maiores comunidades sobre desenvolvimento de software, NLP em RPA trabalha em conjunto com o *deep learning* para criar *bots* que podem avaliar informações estruturadas e não estruturadas para extrair e estruturar dados para análise posterior.

Com o uso do processamento de linguagem natural podem ser coletados dados através de *inputs* como URA (Unidade de Resposta Audível), *chatbots*, raspagem de dados de redes sociais, análise de sentimentos, e tudo isso pode ser agregado a toda a rotina de hiperautomação, visando maximizar os ganhos da RPA. NLP pode servir como o meio de obtenção de fontes de dados, como pré-processamento de dados já obtidos para uma futura aplicação de *machine learning*, ou mesmo ser canal de resposta inteligente em um terminal.

2. *Optical Character Recognition* (OCR)

Segundo Abhijit Kakhandiki, vice-presidente sênior de produtos e engenharia em uma grande fornecedora de ferramentas RPA, o OCR habilita os *bots* a "enxergar a tela", analisar fontes de dados e decidir de onde obter os dados que melhor fazem sentido para os casos de uso de negócios (HARPER, 2020).

O OCR pode servir como forma de extração de dados não estruturados para pré-processamentos e ponto de partida para análises mais profundas, ou mesmo aprendizado de máquina. Essa *capability* oferece uma possibilidade aumentada na captura de dados feita por um robô.

O OCR pode ser usado para ler dados de PDFs e imagens, reconhecer itens em um vídeo, manipular telas de um computador, fazer quebras de *captchas* com o auxílio de *machine learning* etc.

3. *Machine learning* (ML) e *deep learning* (DL)

Segundo o consórcio *IEEE Standards Association* (IEEE SA, 2017), IA é "a combinação de automação cognitiva, aprendizado de máquina (ML), raciocínio, geração e análise de hipóteses e processamento de linguagem natural, produzindo *insights* e análises no nível da capacidade humana ou acima dela".

O aprendizado de máquina (*machine learning* – ML) utiliza algoritmos para organizar dados, reconhecer padrões e fazer com que computadores possam aprender com esses modelos e gerar *insights* inteligentes sem necessidade de pré-programação.

Já a aprendizagem profunda (*deep learning* – DL) utiliza algoritmos complexos de alto nível que imitam a rede neural do cérebro humano, alimentados por quantidades imensas de dados, sendo capazes de reconhecer imagens e fala, processar a linguagem natural e aprender a realizar tarefas extremamente avançadas sem interferência humana (SALESFORCE BRASIL, 2018).

Um artigo do blog da IBM (KAVLAKOGLU, 2020) faz uma interessante analogia com inteligência artificial, *machine learning*, *deep learning* e redes neurais, comparando as tecnologias com as bonecas russas ("matrioshkas"). *Machine learning* é um subcampo de IA. *Deep learning* é um subcampo de *machine learning* e as redes neurais constituem a espinha dorsal dos algoritmos de *deep learning*.

As redes neurais (mais especificamente, as redes neurais artificiais – ANNs) simulam o cérebro humano por meio de um conjunto de algoritmos. As redes neurais artificiais são um método para solucionar problemas através da simulação do cérebro humano, inclusive em seu comportamento, ou seja, aprendendo, errando e fazendo descobertas.

É possível transformar essa gama de tecnologias em uma máquina azeitada que gera *insights*, produz dados, enriquece informações e gera insumos para uma série de processos.

Seu uso pode acontecer em *process mining*, interpretação de padrões, aplicação de algoritmos para tomadas de decisão preditivas, transformação de dados em informações, tomadas de decisão automáticas. As possibilidades aqui são imensas, como reconhecimento de padrões de doenças na medicina, determinação de valores venais em casas de uma região, preenchimento de documentos digitais não padronizados, combate a fraudes a partir de uma base de dados conhecida, reconhecimento de padrões de desgaste de peças em algum equipamento a cujos dados a RPA tenha acesso etc.

4. Dados

E sobre dados, o chamado "novo petróleo"? Como podemos utilizá-los para atingirmos uma vanguarda na automatização de processos? Bom, a PWC (TIAN, 2018) cita três *approaches* como os mais promissores dentro do mundo de *big data analytics*: *process mining* (ferramentas que têm o intuito de descobrir os processos mais repetitivos de um operador, visando oportunidades de automação), *process simulation* (ferramenta que tenta intuitivamente demonstrar um processo em pleno funcionamento, com base em parâmetros inteligentes) e *machine learning*, já citada anteriormente neste capítulo.

De acordo com predição realizada pela Seagate (REINSEL; GANTZ; RYDNING, 2018), espera-se em 2025 um universo de dados crescendo para 163 *zettabytes*, dez vezes mais que os 16.1 *zettabytes* gerados no ano de 2016.

Esses números mostram que todo e qualquer sistema deve sempre considerar o uso inteligente e seguro de dados, e com RPA não é diferente. Uma das possibilidades de usar RPA, IA e dados é ajudar a analisar *big data*, algo que pode ser um processo longo e difícil se feito manualmente. Essa trinca pode ajudar no tratamento, na categorização e na limpeza de dados, além de no autoaprendizado de máquina, trabalhando como um cérebro a pleno vapor, classificando informações, capturando, tratando, aprendendo e descobrindo tendências de negócios valiosas o tempo todo.

Para isso o RPA, segundo Simha Sadasiva, CEO e cofundador da Ushur "a grande maioria de todos os dados não é estruturada e não se encaixa em um molde predefinido. A ingestão de dados não estruturados aumenta exponencialmente o potencial do RPA cognitivo de uma empresa, já que seus modelos podem lidar com todo e qualquer dado que seja jogado em seu caminho" (SADASIVA, 2019). Ou seja, dados estruturados, não estruturados, de baixa qualidade, de alta qualidade, todos eles são importantes para fazer essa máquina azeitada funcionar.

Um bom exemplo:

Depois de várias explicações há um ótimo exemplo, retirado do relatório "Move Beyond RPA to Deliver Hyperautomation", da Gartner (RAY et al., 2019), que traduzimos para o português a seguir.

1. Um pacote de gerenciamento de processos de negócios inteligente e/ou ferramenta de sistema de gerenciamento de distribuição supervisiona o fluxo de trabalho/orquestração do processo orientado para decisões.
2. Ele aciona um *bot/script* **RPA** para realizar alguma coleta de dados através de uma imagem de um documento que necessite a execução de um software **OCR** e outro fluxo de trabalho para validar os registros do cliente etc.
3. O algoritmo de detecção de fraude – construído em um modelo de ***machine learning*** – é executado nos **dados** consolidados para identificar padrões. Esse processo pode necessitar de intervenção humana, exigindo que uma aprovação formal ou assinatura eletrônica seja fornecida para avançar.
4. Isso então aciona outro *bot* RPA para realizar ações de acompanhamento, como enviar e-mails e atualizar sistemas transacionais (como solução ERP, solução CRM e outros aplicativos). Idem para uma operação de *contact center*.
5. Um recurso de análise de texto da **NLP** pode ser usado para realizar uma análise de sentimento do cliente com base em transcrições de chamadas de reclamações de clientes.

6. Isso pode ser usado para identificar as próximas etapas de melhoria ou até mesmo preparar o agente do *contact center* para conduzir uma conversa de valor agregado.
7. Um *bot* RPA assistido pode realizar ações/tarefas de acompanhamento para o agente – como preparar um e-mail estruturado com dados valiosos ou mesmo utilizar um ***chatbot*** para repassar as informações ao vivo.

Concluindo

Os estudos sobre todas essas tecnologias apresentadas em conjunto na área de RPA ajudaram a cunhar o termo hiperautomação. E, mais do que nunca, em tempos de pandemia, esse amálgama de tecnologias faz muito sentido. Diversas ferramentas de mercado estão investindo forte em RPA cognitivo ou preocupando-se em entregar plataformas robustas de dados, com cada vez mais ferramentas acopladas aos produtos, e desenvolvedores autônomos criando ferramentas RPA com base em programação imperativa.

Cada vez mais engenheiros de software buscam fora da área de computação inspiração para criar possibilidades de emular algo analógico em algo digital. No imaginário sempre houve a ideia dos robôs físicos, aquele humanoide com um corpo mecânico; porém, a revolução industrial 4.0 nos apresenta esses robôs de software RPA que possuem um corpo "digital" e usam um cérebro também digital, podendo aprender, criar e tomar decisões, muito diferente do que vimos no Capítulo 8 (RPA de primeira geração).

> *A máquina pode fazer a tarefa de 50 homens comuns. Máquina nenhuma é capaz de fazer o trabalho de um homem extraordinário. (HUBBARD, 1998, p. 454)*

32. Ouvidos e boca: *chatbots*

Rafael Gonsalves Cruvinel

Grandes oportunidades de automações se encontram nas atividades de *backoffice*, ou seja, aquelas relacionadas a processos internos da empresa.

Nas atividades internas as empresas podem possuir dezenas de sistemas, que muitas vezes não são integrados na totalidade, como centenas de fios desencapados e uma possibilidade enorme de erros ou falhas de integração.

Se uma empresa possui apenas um sistema de vendas interno e gostaria de permitir a venda *on-line*, ela pode colocar atendentes de vendas para realizar essa atividade.

Porém, além de erros possíveis na realização da venda, existe uma dificuldade grande de suprir essa demanda em horários de pico, garantindo também disponibilidade em horários noturnos.

Esse é um típico caso no qual um *chatbot* se encaixa perfeitamente.

Você quer comprar um produto X da loja Y e acabou de ver aquela superpromoção na internet compartilhada por um amigo. Ou simplesmente esqueceu de marcar seu corte de cabelo para o dia seguinte. São 23hs.

Você manda um "oi" por mensagem para o estabelecimento. Espera alguns segundos e depara com uma mensagem automática: "horário de funcionamento das 8 às 18". Talvez no dia seguinte você não queira mais comprar o produto, ou se perca na agenda para o corte de cabelo, ou postergue mais um pouco a consulta médica.

Para o cliente, é uma experiência um tanto inconveniente, mas para a empresa é uma venda a menos, um serviço não prestado, ou um *lead* perdido.

Em um outro cenário, a empresa investe em atendimento 24/7 (24 horas por dia, 7 dias por semana). Todos os atendimentos precisam mesmo ir para um humano?

Aqui entra um dos principais pontos da automação, integrar RPA com *chatbot*.

Vamos repetir o cenário anterior, agora adicionando um pouco de criticidade e urgência.

Mesmas 23hs, você preparando uma apresentação para a reunião das 8hs da manhã do dia seguinte. A internet da sua casa para de funcionar. Você poderia simplesmente ligar para a operadora, mas lembra-se do canal digital de comunicação.

Enquanto roteia a internet do celular para terminar a apresentação, manda um "estou com problemas para acessar a internet, já reiniciei o modem e nada. Que droga!" para a prestadora de serviços. Assim mesmo, está superchateado e nem se preocupa mais com o "oi" ou cordialidades. Precisa focar na apresentação.

Um atendente lê sua mensagem e identifica o problema ("problemas para acessar a internet") e seu número de telefone. Fazendo por uma breve análise do seu sentimento, percebe que seu grau de insatisfação está alto e que isso precisa ser resolvido logo.

O atendente entra de sistema em sistema, seguindo vários processos, e consegue resolver o problema. Responde simplesmente "boa noite [seu nome], realizei alguns ajustes aqui, poderia testar novamente?".

Se o problema for resolvido de primeira, a insatisfação diminui, você se sente aliviado, respira fundo e volta à apresentação.

Agora pense que esse atendente possa ser um robô ou vários. Assim que o *chatbot* recebe a mensagem, reconhece sua intenção e chama um exército de robôs para ajudar. Cada um, ao mesmo tempo, entrando em um sistema, realizando testes, até o primeiro encontrar a possível falha. O atendimento, em vez de durar vários minutos, pode ser em segundos. Cliente muito mais satisfeito.

A integração de robôs RPA com *chatbots* e a orquestração dessas automações são fundamentais para uma boa conversa.

Chatbot é uma das melhores formas de relacionamento entre robôs e humanos e consegue se integrar muito bem a robôs assistidos.

33. Sinapses e sistema nervoso: BPMS e BRMS

Kelly Sganderla
Lucia Rakauskas

Workflow, BPMS e BRMS: tecnologias para orquestrar trabalhos complexos

Ao chegar até aqui, certamente você entendeu a grande revolução que RPA poderá causar nas organizações. A automação de processos robóticos invariavelmente mexerá com o elemento fundamental da organização: o trabalho.

O trabalho realizado pelas pessoas é a combinação de diversas atividades, tarefas e procedimentos que são coordenados através de processos de negócio para entregar uma parte ou de forma integral os produtos e serviços que a empresa oferece aos clientes e cidadãos. Se uma tarefa que faz parte de um processo vai bem ou vai mal, atrasa ou é realizada com erros, todo o restante do processo de negócio pode ser comprometido e o produto ou serviço entregue pode apresentar problemas.

A compreensão sobre a necessidade de gerenciar os fluxos de trabalho e os processos de negócio é tão relevante que possui sua própria área de conhecimento: o **gerenciamento de processos de negócio**, ou BPM (*Business Process Management*).

Dentro da visão do BPM, os processos que RPA automatiza são aqueles que operacionalizam os passos e procedimentos necessários para realizar uma tarefa. É por isso que algumas ferramentas de automação chamam os *scripts* dos robôs (compostos de passos e procedimentos) de *tasks* ("tarefas" em inglês).

Workflow

Alguns trabalhos simples podem ser realizados em uma única tarefa. Outros são mais complexos e podem envolver uma orquestração de múltiplas tarefas, que podem ou não ser executadas de acordo com algumas regras.

A orquestração das tarefas geralmente se dá através de fluxos de trabalho ou *workflows*.

Soluções de *workflow* podem ser encontradas em diversos produtos. Algumas ferramentas de gestão de documentos possuem motores de *workflow* integrados para gerenciar a escrita, revisão, aprovação e distribuição dos arquivos.

Alguns ERPs disponibilizam componentes de *workflow* para coordenar aprovações entre pessoas envolvidas para liberação ou validação de dados como cadastros ou valores financeiros.

No contexto de RPA, os *workflows* permitem a orquestração de fluxos de trabalho com três funcionalidades essenciais:

- ✓ Criar sequências de tarefas ordenadas para realizar um trabalho (quando a conclusão de uma tarefa deve acionar outra tarefa para ser executada e assim por diante).
- ✓ Determinar regras que combinem diferentes tarefas a serem executadas dadas algumas condições (por exemplo: caso uma condição seja verdadeira, realiza a tarefa A e depois a tarefa C; caso contrário, realiza a tarefa B e depois verifica se precisa ou não fazer a tarefa C).
- ✓ Envolver outros recursos, especialmente recursos humanos (por exemplo: se uma tarefa realizar uma validação de dados, nos casos em que a validação não for aceita a avaliação segue para uma pessoa; caso contrário, segue realizando a tarefa seguinte).

Algumas plataformas de RPA mais robustas podem possuir um componente de gerenciamento de *workflow* integrado para possibilitar orquestrações de tarefas como as descritas anteriormente. Em outros casos, quando a plataforma RPA não possui *workflow* próprio, pode ser interessante para a organização avaliar a adoção de alguma ferramenta complementar de *workflow*.

BPMS – *Business Process Management Suite*

Coordenar tarefas e informações em fluxos de trabalho (*workflows*) é um recurso fundamental para o gerenciamento de qualquer tipo de processo. O gerenciamento de processos de negócio (BPM) é "uma abordagem disciplinada para identificar, desenhar, executar, documentar, medir, monitorar, controlar e melhorar processos de negócio automatizados ou não para alcançar os resultados pretendidos consistentes e alinhados com as metas estratégicas de uma organização" (Guia BPM CBOK) (ABPMP, 2020).

Assim, para dar suporte tecnológico a essa disciplina de gerenciamento, existe a categoria de software denominada suíte de gerenciamento de processos de negócio (*Business Process Management Suite* – BPMS).

De acordo com a Gartner (GARTNER GLOSSARY, s.d.): "suítes de gerenciamento de processos de negócio (BPMSs) são as principais infraestruturas de aplicativos para dar suporte a projetos e programas de BPM. Um BPMS oferece suporte a todo o ciclo de vida de melhoria do processo – desde a descoberta, definição e design do processo até implementação, monitoramento e análise e por meio da otimização contínua. Sua abordagem orientada por modelo permite que os profissionais de negócios e de TI trabalhem juntos de forma mais colaborativa ao longo do ciclo de vida do que é possível com outras abordagens para a entrega de soluções".

Com BPMS, é possível orquestrar e conectar o trabalho de diferentes profissionais, áreas e equipes através de uma gestão fluida, que automaticamente administra e atribui as atividades aos responsáveis. Além de controlar o fluxo de trabalho das pessoas, é possível, através de BPMS, orquestrar também atividades realizadas por sistemas, o que possibilita um ganho de inteligência e produtividade na execução dos processos (SGANDERLA, 2020b).

Enquanto o BPMS se ocupa em controlar o fluxo de trabalho entre os participantes de um processo, a RPA tem se demonstrado uma grande aliada na automatização de algumas das suas tarefas mais manuais e repetitivas.

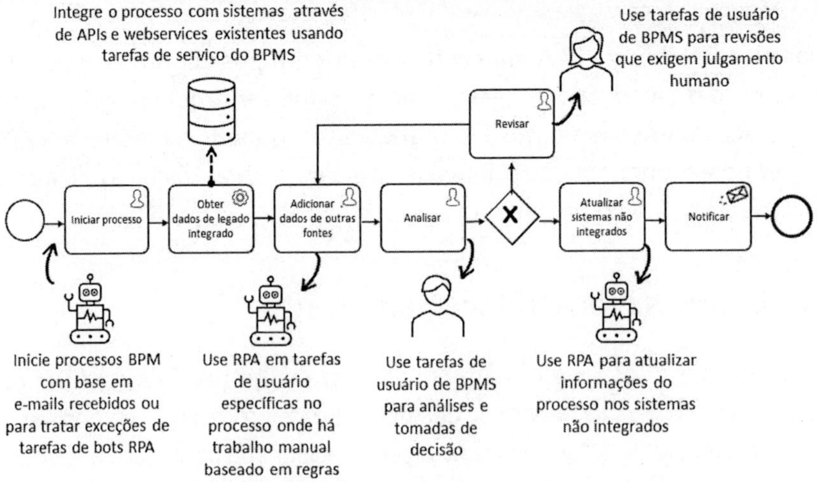

Figura 33.1. Tarefas executadas por pessoas, sistemas ou robôs em um processo orquestrado em um BPMS. Fonte: Sganderla (2020b).

BPMS + RPA

Essas duas soluções se complementam de forma a combinar os ganhos de eficiência, que podem ser obtidos com a automação dos processos operacionais pelo RPA, com os ganhos de eficácia, qualidade e controle, obtidos da automação dos processos de trabalho e monitoramento dos processos de negócio nas plataformas de BPMS.

1. Uma automação em RPA pode iniciar um processo no BPMS das seguintes formas:
   a. Como um usuário, acessando o portal da plataforma BPMS, abrindo uma solicitação de um determinado processo, preenchendo os campos necessários e acionando o início do processo.
   b. Como um sistema, realizando uma chamada e enviando dados dos parâmetros de entrada se o processo no BPMS estiver exposto como serviço.
2. Um processo no BPMS pode ter uma ou mais atividades executadas por um robô de RPA, e isso pode acontecer das seguintes formas:
   a. O processo no BPMS tem uma tarefa do tipo *service task*, que faz uma chamada e envia os dados necessários à plataforma de RPA, requisitando a execução de uma tarefa pelo robô.
   b. O robô, como um usuário, periodicamente acessa a lista de tarefas do BPMS em busca da tarefa específica, acessa e responde a ela.

BRMS – *Business Rules Management System*

Um sistema de gerenciamento de regras de negócios (BRMS) é um software usado para desenvolver, armazenar, editar e executar regras de negócios. As regras de negócios são declarações lógicas que definem o comportamento e a operação de um negócio. A utilização de um BRMS permite ter as regras de negócio organizadas e armazenadas em um repositório único para acesso de todas as áreas e sistemas de software da organização.

Os benefícios de utilizar regras de negócio armazenadas de forma centralizada ficam claros ao se levar em consideração que muitas empresas ainda mantêm as regras de negócio em documentos, manuais, regulamentações, sistemas legados, dados históricos ou até mesmo informalmente, quando os colaboradores sabem das regras por sua experiência e suas funções de trabalho, mas sem uma documentação formal.

Os fornecedores de software BRMS disponibilizam diversas ferramentas para manutenção, simulação e validação das regras antes de serem implementadas. As regras atualizadas no BRMS podem ser compartilhadas com as diferentes áreas da empresa – inclusive, a própria área de tecnologia pode se beneficiar da informação centralizada e agilizar o desenvolvimento e a manutenção de sistemas e aplicativos.

Em se tratando do envolvimento da área de tecnologia e desenvolvimento de sistemas, geralmente existe uma certa dificuldade entre diferenciar regras de negócios e requisitos de sistemas. As regras de negócio podem ser implementadas como requisitos de sistemas, mas elas existem de forma independente dos sistemas de informação, ao passo que os requisitos de sistemas são aqueles necessários para implementar o sistema de informação.

Um BRMS simplifica o processo de tomada de decisão, agilizando na velocidade e precisão das decisões, aumentando a conformidade com normas e padrões organizacionais e facilitando a integração com a governança corporativa, especialmente no caso de regras muito complexas, em que existe uma grande combinação de fatores para se chegar a uma decisão.

Vejamos um exemplo.

Para decidir a taxa de cancelamento e o valor a ser reembolsado em uma passagem aérea cancelada, são muitos os fatores avaliados:

- ✓ Como foi pago (dinheiro, crédito, pontos, pontos + dinheiro)?
- ✓ Se dinheiro, em que moeda foi paga?
- ✓ Em que canal a passagem foi comprada (site, aplicativo, loja ou agência)?
- ✓ A origem do voo é nacional ou internacional? E o destino?
- ✓ Qual a categoria e a classe da passagem?
- ✓ Há quanto tempo foi comprada a passagem?
- ✓ O voo já aconteceu (*no show*) ou ainda não? Se não aconteceu, quantos dias faltam para o voo?
- ✓ O cancelamento da passagem é ida e volta ou apenas um trecho?
- ✓ É apenas uma passagem ou é uma passagem em grupo?
- ✓ Se em grupo, apenas uma está sendo cancelada ou o grupo inteiro?
- ✓ Quem comprou a passagem é o passageiro ou é outra pessoa?
- ✓ O passageiro é membro de algum programa de fidelidade da empresa?
- ✓ O comprador adquiriu a passagem através de algum convênio?

Pense em todas as combinações possíveis e considere que para cada uma pode haver uma definição de taxa de cancelamento e de reembolso diferente que se aplique.

São inúmeros fatores cuja complexa combinação pode levar a diferentes resultados e que seria muito complicado estruturar em uma simples planilha de cruzamento de dados ou com inúmeros *ifs* encadeados.

O BRMS possibilita que as regras sejam construídas usando recursos como árvores de decisão combinadas com tabelas e estruturas *if-then-else*, de forma que:

1. Quando uma aplicação (ou processo) precisa da resposta, ela é chamada através de uma API.
2. Via API, a aplicação (ou processo) passa para a regra todos os dados que precisam ser cruzados.
3. O BRMS realiza a combinação das regras.
4. O BRMS entrega ao acionador o(s) resultado(s) obtido(s) da aplicação da regra.
5. A aplicação/processo pode então utilizar esses dados.

Um outro benefício está no fato de que, uma vez estruturada a regra, os seus parâmetros podem ser ajustados por pessoas do negócio responsáveis pela aplicação das políticas organizacionais associadas. Assim, se algum dos parâmetros precisar mudar, basta apenas acessar a configuração da regra e alterar aquele parâmetro. Ao avaliar os diferentes produtos de BRMS de diversos fornecedores no mercado, deve-se levar em consideração a facilidade de uso entre diferentes tipos de usuários, como, por exemplo, usuários da tecnologia da informação e usuários das áreas de negócio da organização. Além disso, deve ser avaliada a disponibilidade de criação de diferentes perfis de usuários para realização de consulta ou manutenção nas regras de negócios, garantindo a segurança e integridade das informações.

Os sistemas de gerenciamento de regras de negócios disponíveis oferecem uma ampla variedade de recursos e funcionalidades, devendo incluir os seguintes componentes principais (EISNER, 2020):

- ✓ Infraestrutura de banco de dados que coleta, gerencia e armazena as regras de negócio para serem utilizadas de forma compartilhada por diversas aplicações e áreas da organização.
- ✓ Ferramentas para usuários técnicos e usuários de negócios para definir e gerenciar as regras de negócios.
- ✓ Estrutura de hardware e software para permitir que aplicativos acessem e executem as regras de negócio em tempo real.

BRMS ou DMS?

Uma suíte de gerenciamento de decisões (DMS – *Decision Management Suite*) é considerada uma evolução do BRMS, com foco nas decisões que usam recursos além daqueles encontrados no gerenciamento de regras de negócios convencionais. O DMS é considerado uma combinação de BRMS com inteligência artificial (IA) e aprendizado de máquina (ML), pois toma decisões utilizando diversos tipos de lógica: além das árvores de decisão e das tabelas, aplica também modelos estatísticos, algoritmos de otimização, entre outras ferramentas.

Segundo a Gartner (RAY et al., 2019), um DMS é relevante para aplicações centradas em decisões que possuam qualquer uma das características a seguir:

- ✓ Diversos tipos de dados de entrada, que podem ser coletados de várias fontes.
- ✓ Múltiplos cálculos.
- ✓ Dezenas, centenas ou milhares de políticas de negócios, implementadas como regras.
- ✓ Algoritmos sofisticados que envolvem uma combinação de regras e modelos analíticos.
- ✓ Múltiplas partes interessadas, às vezes com objetivos diferentes.

Existem diferentes formas de oferta de soluções corporativas de gerenciamento de regras: alguns fornecedores comercializam seus produtos como BRMS, outros como DMS, em alguns casos há fornecedores com produtos em ambas as categorias e há ainda fornecedores que usam outros nomes para esse tipo de solução. Hoje, porém, a Gartner (SCHULTE et al., 2018) acredita que o gerenciamento de regras de negócios e o gerenciamento de decisões são parte de uma evolução única e contínua do mercado.

A alternativa mais comum para o uso de um BRMS ou DMS é reunir a lógica de decisão no próprio código do aplicativo. Isso às vezes funciona razoavelmente bem para aplicativos relativamente simples (que podem ter um grande volume de regras simples). Por exemplo, algumas organizações têm alavancado o uso de parâmetros de dados em vez de DMSs (mesmo em aplicativos extremamente ágeis). Tais abordagens vêm com custos de oportunidade e desafios de débito técnico porque o departamento de TI gasta tempo e energia mantendo a parametrização e toda a funcionalidade de recursos que poderiam estar disponíveis em um DMS.

BRMS + BPMS

O gerenciamento de regras de negócio e o gerenciamento de processos de negócio podem parecer semelhantes, mas possuem funcionalidades e objetivos diferentes no gerenciamento de negócios da organização. O BRMS enfatiza o gerenciamento das regras aplicáveis aos processos de negócios, enquanto o BPMS controla o fluxo de atividades que devem ser conduzidas.

Regras de negócios claramente definidas especificam como, quando e por quem as tarefas são executadas. Com um BRMS, uma organização pode implementar e gerenciar regras de negócios para formar a base de processos eficientes. Os processos são otimizados usando BPMS, permitindo que as organizações melhorem a produtividade, reduzam custos e aumentem a conformidade.

BRMS + RPA

Na automatização de processos operacionais (foco do RPA), a utilização de BRMS/DMS possibilita agregar inteligência baseada em regras lógicas com a eficiência operacional obtida em automações com RPA.

RPA pode acionar regras de BRMS para a tomada de decisões complexas, aliviando essa complexidade do *script* do robô e dando mais autonomia ao negócio para realizar mudanças quando necessárias.

PARTE VI.
A COLABORAÇÃO ENTRE HUMANO E ROBÔ

34. Boas práticas de colaboração entre humano e robô

Gilberto Strafacci

Sou cético com relação a previsões, ainda mais as pessimistas. Contudo, já vemos mudanças importantes com relação às atividades requeridas e direcionadas aos humanos. O avanço da digitalização e automatização dos processos não é uma ilusão, mas uma realidade.

Todo ano vemos pesquisas sobre como empregos serão substituídos por máquinas ou tecnologias de automatização de processos. Em parte, isso pode até ser verdade, mas os trabalhos que provavelmente serão automatizados são aqueles repetitivos e rotineiros, que não agregam valor.

Agora, por que uma organização deveria investir não só em RPA, mas também no escalonamento e na democratização dessa tecnologia, através das pessoas? Simples: porque existem tantas tarefas a serem automatizadas que não existirá nenhuma área composta de desenvolvedores que poderá fazê-la de forma economicamente viável e com a velocidade necessária.

A equipe de RPA, com seus desenvolvedores, deve atuar em automações mais complexas, integrando outras tecnologias e evoluindo para a hiperautomação. Já os usuários de negócio devem estar aptos a automatizar atividades simples, tipicamente individuais e por vezes passíveis de réplica e de compartilhamento com foco em robôs assistidos. Assim, qualquer organização que pensa na digitalização através da RPA deveria considerar as duas visões: RPA *top-down* (via desenvolvedores) e RPA *bottom-up* (via usuários).

Nesse sentido, precisamos preparar as pessoas para que elas estejam aptas a serem cidadãos desenvolvedores (ou ***citizen developers***) e que tenham autonomia para automatizar suas próprias atividades do dia a dia.

Por outro lado, vale olharmos outra perspectiva: não perguntar quais empregos serão eliminados ou como as pessoas devem estar prontas para digitalizar seus processos, mas, sim, quais aspectos humanos dos empregos remanescentes devem ser desenvolvidos. Essa interação tem o potencial de desbloquear e desenvolver o melhor do ser humano.

Por exemplo, considere o trabalho de um médico: é claro que o diagnóstico de doenças, em algum momento, será realizado melhor por máquinas do que por humanos. O aprendizado de máquina é espetacularmente eficaz quando conjuntos de dados estão disponíveis para treinamento e teste, o que é o caso para uma ampla gama de doenças e enfermidades. No entanto, quem sentará com o paciente e com os familiares para discutir opções de tratamento? É muito menos provável que isso seja automatizado em um futuro próximo.

Depois de refletir sobre as características de vários empregos e profissões, dois aspectos de trabalho não rotineiros me parecem particularmente comuns e difíceis de automatizar.

Primeiro, a **emoção**. Ela desempenha um papel importante na comunicação humana (pense naquele médico sentado com a família). Ela está criticamente envolvida em praticamente todas as formas de comunicação não verbal e na empatia. A emoção não é apenas complexa e cheia de nuances, mas também interage com muitos de nossos processos de decisão. O funcionamento da emoção tem se mostrado desafiador de entender cientificamente (embora tenha havido progresso) e é difícil de construir em um sistema automatizado que mimetize a atenção plena com o interesse de outro. Empatia, escuta ativa e dar valor às emoções são habilidades fundamentais para os trabalhadores do futuro.

Em segundo lugar, o **contexto**. Os humanos podem facilmente (ou mais facilmente) levar em conta o contexto ao tomar decisões ou interagir com outras pessoas. O contexto é particularmente interessante porque é aberto e imprevisível. Por exemplo, sempre que há um fato novo, este pode mudar o contexto (em maior ou menor escala) em que operamos. Além disso, mudanças no contexto podem alterar não apenas a forma como os fatores interagem entre si, mas podem introduzir novos fatores que reconfiguram a sua organização. Visão sistêmica, entendimento do contexto e capacidade de priorização são outras habilidades fundamentais para os trabalhadores do futuro.

Nossa capacidade de utilizar as emoções e levar em consideração os efeitos do contexto são os principais ingredientes do pensamento crítico para desenvolvimento de soluções criativas para resolução de problemas, comunicação eficaz, aprendizado adaptativo e bom senso. Ainda é muito difícil (e talvez nem queiramos) programar máquinas para emular tais conhecimentos e habilidades, e não está claro quando (ou se) os esforços incipientes de hoje darão frutos.

E, de fato, essas são exatamente as habilidades que os empregadores de todos os setores relatam consistentemente buscar em candidatos a empregos. Cada vez mais os empregadores procuram candidatos que tenham outros tipos de "competências pessoais", tais como a capacidade de aprender de forma adaptativa, de tomar boas decisões e de trabalhar bem com outras pessoas. Essas habilidades tão procuradas, é claro, combinam perfeitamente com aquilo que as pessoas podem fazer bem e são (e continuarão sendo) difíceis de automatizar.

Tudo isso sugere que nossos sistemas educacionais (públicos e privados, escolares ou empresariais) devem se concentrar não apenas em como as pessoas interagem com a tecnologia (por exemplo, ensinando os alunos a codificar), mas também em como elas podem fazer coisas que a tecnologia não fará em breve. Que bom, ainda há muito espaço para os humanos.

35. O futuro dos empregos

Carlos Eduardo C. de Carvalho

Uma perspectiva histórica

As expectativas com os impactos da automação de tarefas no futuro do trabalho não são novas. Desde a primeira revolução industrial, o advento de máquinas que automatizam tarefas até então realizadas por artesãos trouxe impactos na dinâmica de alocação do trabalho humano. Um dos principais impactos ocorridos na segunda metade do século XVIII foi a migração da população do campo para as cidades, que intensificou o movimento de urbanização.

A vida de um cidadão inglês comum em 1760 era majoritariamente rural. Grande parte do processo produtivo era artesanal. Os ofícios eram passados de pai para filho ou de mestre para aprendiz. Dominava-se o processo de fabricação de um item de consumo pessoal de ponta a ponta. A produção era descentralizada em pequenas vilas, que, tradicionalmente, se juntavam em feiras comerciais para realizar o comércio dos excedentes da produção agrícola e dos bens de consumo necessários para a sociedade.

Analisar tais marcos temporais nos ajuda a entender o movimento cíclico relacionado ao avanço tecnológico. Tente imaginar a conversa de dois artesãos, preocupados com o impacto da entrada das máquinas a vapor e dos teares mecânicos em suas vidas e na dinâmica do trabalho da época. A alteração de bases tecnológicas muda o rumo da história, e isso foi visto ao longo das décadas seguintes na Inglaterra e no restante do mundo.

Historiadores como Eric Hobsbawm dedicaram grande parte de suas vidas a estudar os impactos das grandes revoluções industriais no mundo. Em sua obra "The Age of Revolution: Europe 1789–1848" (HOBSBAWN, 1977), Eric apresenta as grandes alterações que a primeira revolução industrial trouxe para o mundo. São as mais conhecidas: o êxodo rural, o aumento da carga horária média de trabalho do cidadão comum, a redução de ganho médio *per capita* dos artesãos, o crescimento das taxas de trabalho infantil.

Toda revolução que altera a base tecnológica vigente traz, ao mesmo tempo, impactos positivos e negativos. O olhar dos historiadores sobre o indivíduo que trabalhava como artesão e passou a ter que trabalhar no chão de fábrica será, tradicionalmente, pejorativo. Não há como negar que, para milhares de trabalhadores ingleses, a entrada dos teares mecânicos e o advento de máquinas a carvão pioraram sua qualidade de vida. Porém, existe sempre outro prisma de análise. Do ponto de vista social e macroeconômico, tivemos a possibilidade de criar novas formas de transporte de pessoas e carga, a partir do desenvolvimento da máquina a vapor e da criação da locomotiva. Desenvolveu-se a indústria siderúrgica, possibilitando novos horizontes para uso de materiais na construção de casas, veículos e máquinas. Criou-se o telégrafo, ampliando como nunca antes visto a capacidade de comunicação a distância.

É inegável que tenha havido um deslocamento dos fatores produtivos e que tais mudanças trouxeram perdas e ganhos, dependendo do prisma e da granularidade que usamos para analisar. Porém, também há certo consenso de que tal revolução marcou uma virada global na nossa capacidade de desenvolvimento econômico, tecnológico e social.

De forma não muito diferente ocorreram as duas revoluções industriais seguintes. A segunda, iniciada na segunda metade do século XIX e indo até o início do século XX, foi marcada pelo uso do aço nas indústrias, pelo surgimento do antibiótico, pela expansão das ferrovias e dos navios a vapor, pela invenção do telefone, da lâmpada incandescente e do começo da automação da produção agrícola.

A terceira revolução industrial, iniciada na segunda metade do século XX, também ficou conhecida como a **revolução técnico-científica**. Avanços nos campos da pesquisa científica, da genética, da robotização industrial, das telecomunicações, da eletrônica e do transporte marcaram a terceira onda de transformações vistas no mundo nos últimos séculos.

O que podemos considerar comum a todas as eras da revolução industrial é o fato de trazerem mudanças estruturais no mercado de trabalho. A entrada de novas tecnologias abre espaço para novos tipos de emprego da força de trabalho que antes não existiam e, consequentemente, acaba por reduzir ou eliminar funções não mais necessárias para a sociedade. Tente imaginar um coletivo de profissionais da agência de iluminação pública inglesa, no século XIX, discutindo ansiosamente o futuro de seus trabalhos, que basicamente era percorrer postes de iluminação pública para acender manualmente lampiões à base de óleo. Se, por um lado, essa categoria de profissionais passou a não ser mais necessária, por outro, quantas outras carreiras precisaram ser criadas para que a indústria de energia elétrica se desenvolvesse?

A quarta revolução industrial

Durante o Fórum Econômico Mundial de 2016, realizado em Davos, na Suíça, foram debatidos os pilares da transformação tecnológica que marcam a quarta revolução industrial. Klaus Schwab, que carrega os títulos de fundador e *chairman* executivo do Fórum, é também autor da importante obra que carrega o mesmo título de *A Quarta Revolução Industrial*[10].

Segundo Schwab, a quarta revolução industrial promove uma "fusão de tecnologias, borrando as linhas divisórias entre as esferas físicas, digitais e biológicas. Ela fomenta a inteligência artificial, a robótica, a impressão 3D, os drones, a nanotecnologia, a biotecnologia, a estocagem de dados e de energia, os veículos autônomos, os novos materiais, a internet das coisas etc.".

Essa nova onda de revoluções estruturais tem na robótica e na inteligência artificial os grandes alicerces das transformações. Como debatido ao longo dos diversos capítulos deste livro, estamos diante de um cenário no qual a hiperautomação poderá fazer uma disrupção do que conhecemos hoje como "tarefas de escritório".

O uso integrado de softwares de robotização de tarefas com inteligência artificial, técnicas avançadas de análise de dados, plotagem de cenários e algoritmos de tomada de decisão pode alterar drasticamente o mercado de trabalho global, principalmente das funções de escritório.

Os pilares da quarta revolução industrial, segundo Schwab, são:

- ✓ Computação avançada
- ✓ Drones e robótica
- ✓ Internet das coisas
- ✓ Inteligência artificial
- ✓ Impressão 3D
- ✓ Ciência avançada de materiais
- ✓ Realidade virtual e aumentada
- ✓ Biologia sintética e digital

[10] Maiores informações podem ser acessadas no *link* oficial do Fórum Econômico Mundial: <https://www.weforum.org/pages/the-fourth-industrial-revolution-by-klaus-schwab/>.

A quarta revolução industrial é fundamentalmente uma revolução digital. Grande parte das transformações que veremos nesta e nas próximas décadas será feita nas camadas computacionais. O potencial disruptivo da inteligência artificial, somado às capacidades de automação crescentes com RPA, por exemplo, trará efeitos para o mercado de trabalho similares à substituição da iluminação pública a gás ou óleo pela energia elétrica.

Trabalhos computacionais repetitivos, transacionais, em que a atuação humana seja apenas de entrada e saída de dados de diferentes sistemas, serão extintos nas próximas décadas. Por mais que o tema possa trazer ansiedade para a geração vigente, é fundamental que conheçamos a história das grandes revoluções tecnológicas para que entendamos o padrão dessas transformações e para que possamos projetar medidas de readequação social da força de trabalho que será mais prejudicada.

Na essência, o impacto para a força de trabalho atual dessa quarta onda de revolução não difere das três outras. Aquelas funções laborais que atuam hoje diretamente no centro dos processos que serão transformados pelas novas tecnologias estão em maior risco de descontinuidade. Porém, o que nos difere agora dos ingleses do século XVIII é que, dentre outros aspectos, temos maior capacidade de prever os impactos e de contornar os efeitos negativos do ponto de vista socioeconômico.

Os impactos no mercado de trabalho

Em 2018, a Organização para a Cooperação e Desenvolvimento Econômico (OCDE) publicou um relatório sobre os impactos das tecnologias que permeiam a quarta revolução industrial no mercado de trabalho (NEDELKOSKA; QUINTINI, 2018).

Foram avaliados 32 países e suas características de mercado de trabalho. As posições de trabalho de diferentes setores foram avaliadas em relação ao potencial de impacto com o avanço das tecnologias de automação. Nas maiores faixas, temos:

- ✓ **Mais de 70%:** funções de trabalho que hoje poderiam ter grande parte ou sua totalidade de tarefas automatizadas por um robô. Pessoas que estejam trabalhando em funções deste grupo são as mais vulneráveis em termos de possível desemprego a curto prazo. Estima-se que 14% dos empregos estejam nesta categoria.
- ✓ **Entre 50% e 70%:** funções de trabalho que poderiam ter entre 50% e 70% das funções automatizadas, deixando ainda a caráter do trabalho humano uma

fatia que poderia variar de 30% a 50%. Para esse grupo, o risco é também alto, uma vez que as funções que sobrarem para os seres humanos tendem a ser combinadas, retirando assim do mercado uma grande quantidade de postos de trabalho. Estima-se que 32% dos empregos estejam nesta categoria.

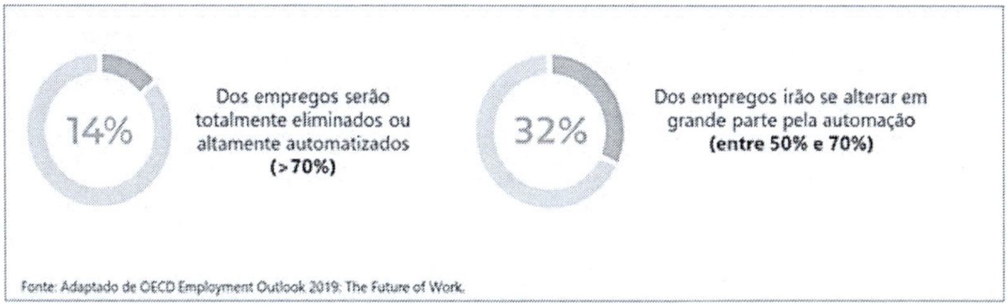

Figura 35.1. Avaliação de características dos empregos.
Fonte: adaptado de OECD (2019).

Para tornar o quadro mais complexo ainda, o mesmo estudo avaliou a prontidão digital dos adultos nos países analisados. Tal avaliação busca identificar a capacidade desses trabalhadores em migrar de função, partindo para as novas posições de trabalho que devem ser abertas nas indústrias digitais que serão a força motriz da quarta revolução industrial.

O resultado mostra que 6 em 10 adultos que sejam economicamente ativos possuem pouca ou nenhuma competência em habilidades relacionadas à Tecnologia da Informação (TI). Ou seja, a migração para as novas funções de trabalho digitais será complexa e custosa de ser feita.

Se 60% dos trabalhadores não possuem aptidões para TI e o futuro do trabalho passa pela abertura de novas vagas digitais, que demandarão habilidades e competências de computação, medidas de deslocamento da força de trabalho precisam começar a ser implantadas desde já.

Especialistas de diversos países discutem medidas de proteção da força de trabalho contra um eventual desemprego em larga escala oriundo da nova revolução industrial. Temas como renda mínima, proteção social para desemprego e treinamentos de reciclagem para adultos não letrados digitalmente vêm sendo debatidos nos últimos anos nos países que compõem a OCDE.

Como citado, esse risco de desequilíbrio de funções de trabalho não é particular desta revolução industrial que estamos vivendo. Nas três grandes revoluções passadas o mundo passou pelo mesmo processo, salvas as devidas proporções. Agora, o que difere é que temos maior capacidade de análise e debate. Está em nossas mãos, como profissionais, líderes empresariais e membros de uma sociedade democrática, colocar como prioridade a pauta da readequação dessa força de trabalho que será substituída pelos robôs, assim como criar novas políticas para acelerar a formação de mão de obra técnica especializada, necessária para sustentar as indústrias globais de transformação digital.

PARTE VII.
CASES DE AUTOMAÇÃO

36. *Case* Globo: é possível automatizar processos não maduros?

Antonio Pinho
Caroline Alcântara
Bruno Ribeiro

Cenário

A Globo, presente em 99% dos lares brasileiros, se orgulha de ter o Brasil como fonte de inspiração. Com mais de 50 anos de história, somos a maior produtora de conteúdo da América Latina, fazendo novelas, minisséries, séries, seriados, shows, humorísticos, *realities*, programas jornalísticos e esportivos, entre outros, além de estarmos presentes em TV aberta, canais pagos, *streaming*, portais e *games*.

Em 2021, assumimos o enorme desafio de unificar os processos de negócio de toda a empresa através de um novo ERP único, que juntasse as operações dos diferentes segmentos de atuação, sem a necessidade de customização e sem gerar novos esforços operacionais.

Nesse contexto, a RPA se tornou uma importante aliada para atender às necessidades apontadas pelas equipes de negócio, sanando *gaps* funcionais do novo ERP e evitando configurações customizadas na solução *core* do sistema.

A complexidade enfrentada pela equipe de RPA do projeto estava em desenvolver automações sobre telas de sistemas que ainda estavam sendo parametrizadas, além de lidar com novos processos que estavam em definição e em constante transformação, contrariando completamente aquela máxima que prioriza a robotização de processos estáveis e bem definidos.

Como parte da solução, foi necessário adaptar a *framework* de atuação do CoE de RPA para atender a esse novo cenário atípico de automatização de processos. O primeiro passo foi criar um **documento de premissas** limitadoras do escopo do processo, que continha o desenho macro do processo e os benefícios esperados com a automação. Além disso, informações como periodicidade, volumetria, sazonalidade, estimativa do tempo de execução do processo, entradas, saídas, SLA e plano de contingência completam o documento. Ainda assim, entendemos que os processos, ainda não maduros, precisavam de uma abordagem especial para tratar regras ainda não definidas e para realizar o processamento dos dados em um cenário tão dinâmico. Portanto, segmentamos o processamento em tarefas menores que nos permitiram criar **interfaces** e segregar as etapas do processamento.

Outra inversão importante sobre o processo habitual do RPA foi não criar a PDD antes da construção do robô. Em vez disso, direcionamos o desenvolvimento da automação através de histórias de usuário com objetivos mais abrangentes e amparadas no documento de premissas, deixando a documentação do robô para a etapa final da construção. Sendo assim, nosso desenvolvimento demandou a necessidade de encontros frequentes (em nosso caso, semanais) para alinhamento dos rumos da construção entre o time funcional do projeto de implantação do ERP, os pontos focais de negócio, o analista de processos e o desenvolvedor.

Assim, as adaptações aplicadas no *framework* nos permitiram encarar a complexa missão de automatizar processos pouco maduros, mudando paradigmas na construção de robôs e auxiliando a Globo na adoção de um novo ERP.

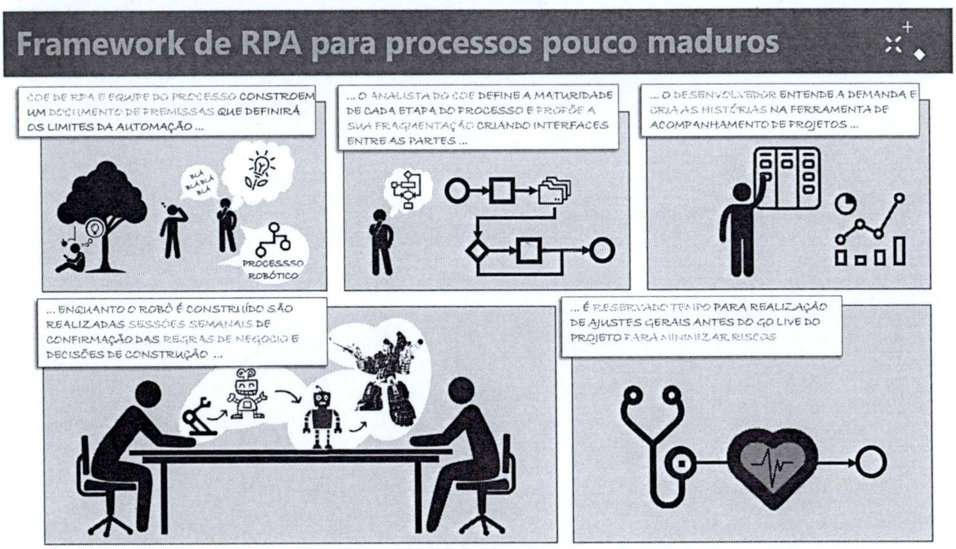

Figura 36.1. *Framework* de RPA para processos pouco maduros.
Fonte: os autores.

Figura 36.2. QR Code para a entrevista.
<https://open.spotify.com/episode/0PG8s8g8cQFlkvra9KcxrA?si=VTqtmWeyRZyobMYK2yK-SA>.

37. *Case* Eletrobots: jornada robótica da Eletrobras

Ana Cláudia Rodrigues
Vitor Paulo Moreira Correa

Cenário

A Eletrobras é líder em geração e transmissão de energia elétrica no país e contribui para que a matriz energética brasileira seja uma das mais limpas e renováveis do mundo. Também atua nos segmentos de comercialização e eficiência energética.

Maior companhia do setor elétrico da América Latina, é a controladora de grande parte dos sistemas de geração e transmissão de energia elétrica do Brasil por intermédio das subsidiárias Eletrobras Amazonas GT, Eletrobras CGT Eletrosul, Eletrobras Chesf, Eletrobras Eletronorte, Eletrobras Eletronuclear e Eletrobras Furnas. Além de principal acionista dessas empresas, é dona, em nome do governo brasileiro, de metade do capital de Itaipu Binacional. Também controla o Centro de Pesquisas de Energia Elétrica (Eletrobras Cepel) e a Eletrobras Participações S.A. (Eletrobras Eletropar).

Em 2019, a partir de uma iniciativa de Furnas para a aquisição de licenças e serviços de RPA, a Eletrobras Holding, em parceria com Furnas, vislumbrou a possibilidade de que outras empresas do Sistema Eletrobras aderissem à compra, em forma de ata de preços para o grupo. A partir desse momento, mais do que apenas serviços e licenças, começou a ganhar força a ideia de uma solução integrada para o Sistema Eletrobras, com valiosa oportunidade para ganhos em escala. Nesse âmbito, o CSC se apresentou não apenas como um importante beneficiado, com seus processos compartilhados e transversais, mas também como elo de ligação para a operação conjunta, potencializando o reaproveitamento de soluções e a operação através de uma infraestrutura centralizada.

Desafios e oportunidades

✓ Uma consultoria especializada realizou estudo com 308 processos das empresas Eletrobras e projetou uma redução de custos superior a 70%, a partir da abordagem conjunta de automação RPA nas empresas.

✓ Integração de infraestrutura entre ambientes distintos.
✓ Padronização de processos transversais das empresas Eletrobras.
✓ Mapeamento das iniciativas comuns de automação das empresas para viabilizar o reaproveitamento de soluções atendendo à agilidade exigida pelo negócio.

Resultados

✓ Economia gerada pela aquisição conjunta foi superior a R$ 10 milhões.
✓ Otimização dos recursos, padronização da governança e centralização da operação e do suporte.
✓ Com cerca de seis meses de operação conjunta, já havia 69 robôs em processo de desenvolvimento e 36 robôs em ambiente de produção.
✓ Aumento da produtividade e da qualidade de vida dos colaboradores.
✓ Transparência e confiabilidade.

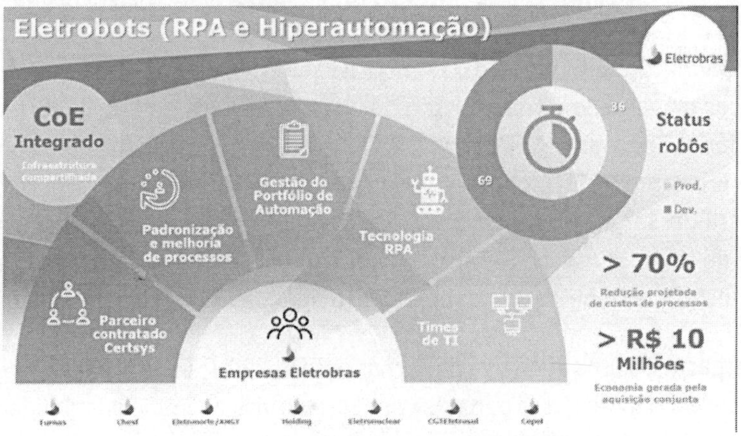

Figura 37.1. Eletrobots (RPA e hiperautomação).
Fonte: os autores.

Figura 37.2. QR Code. Esse *case* também faz parte do livro "Jornada CSC" e pode ser conferido no link: <https://open.spotify.com/episode/7uilMNARdQlnbymRnXarZr?si=64fjEWy9TV2n2Z_BcK6O-g>.

38. *Case* Servopa – Automação no setor automotivo

Fernando Baldin
Felipe Lara
Celina Hara

Cenário

O Grupo Servopa foi fundado em 1955, atuando nos segmentos de concessionárias de automóveis, caminhões, motocicletas e consórcio, além de outros serviços ligados diretamente ao setor automotivo.

Sendo um dos maiores e melhores grupos do país, trabalhamos para garantir solidez, credibilidade, segurança e confiança, pilares essenciais que fazem parte da nossa identidade.

Hoje, o Grupo Servopa atua em toda a região Sul do país e atende com total dedicação a mais de 300 mil clientes que ao longo dos anos ajudaram a escrever uma história de sucesso.

Sempre investindo em novas e melhores formas de receber nossos clientes, nosso compromisso é entregar o melhor da experiência automotiva, sempre tendo equipes altamente qualificadas, tecnologias avançadas, peças e produtos originais.

As automações estão auxiliando a Servopa a agilizar processos e operações de *backoffice*, processamento de faturas, geração de relatórios e integração de sistemas de TI demandados pelos 300 mil clientes da empresa. "Estamos no começo da jornada de automação, mas já temos melhoria na qualidade e agilidade do trabalho. Já temos uma fila de espera para robotização de novas tarefas", afirma Celina Hara, CIO da Servopa.

Desafios e oportunidades

✓ Muitos processos manuais poderiam ser automatizados, mas a Servopa não possuía plataforma de automação.

- ✓ Possuía um volume de horas extras que eram pagas devido às atividades extras feitas.
- ✓ Possui mais de 2.000 fornecedores que tinham notas fiscais contínuas de lançamento.
- ✓ Possuía rotinas diversas associadas ao acesso ao portal das montadoras para a troca de arquivos de vendas e peças.

Resultados

- ✓ Economia gerada pela aquisição conjunta foi superior a R$ 2 milhões.
- ✓ Otimização dos recursos, padronização da governança e centralização da operação e do suporte.
- ✓ Com cerca de 12 meses de operação conjunta, já havia 49 robôs em ambiente de produção.
- ✓ Atualmente todo o lançamento de notas é feito via robô com integração com o Fluig da TOTVS, leitura de PDF de nota fiscal e boleto.
- ✓ Aumento da produtividade e da qualidade de vida dos colaboradores.
- ✓ Transparência e confiabilidade.

Figura 38.1 QR Code para a entrevista.
<https://open.spotify.com/episode/7wcAPa0AwUlDEQ2X5UGQKJ?si=oV-VzLJPRuag7S0jvAFvJg>.

39. *Case* TecBan: robôs liberando pessoas para a arte de criar

Andréia Sanchez
Diego Arcanjo
Nelson Ricardo Galiani

A TecBan é a terceira maior rede de autoatendimento independente do mundo e a maior em volume de saques. É uma empresa que investe e cria continuamente, há 39 anos, soluções tecnológicas e inovadoras que integram o físico e o digital e impulsionam o ecossistema econômico do Brasil.

Presentes em seu DNA estão a credibilidade, a eficiência e a qualidade nos serviços que presta a toda a sociedade, e por isso tem a preocupação constante de oferecer produtos e soluções que ajudem a garantir a inclusão financeira de todos os perfis de público, em todas as regiões do Brasil.

A jornada RPA na TecBan

Em 2016, em meio a um grande projeto de migração, a área de TI adquiriu a primeira plataforma de RPA, objetivando ser um acelerador na integração dos diversos sistemas legados (com interfaces visuais) que faziam parte do escopo daquele projeto. A abordagem para implementação naquela época foi motivada por razões técnicas, pois ainda não havíamos incorporado à ferramenta de robotização uma visão por processos.

Ainda sem estarmos muito estruturados para o olhar de processos, começamos a experimentar o uso dessa plataforma de RPA para outros serviços, como, por exemplo, atividades de apoio no atendimento de chamados remotos de ATMs, conciliação de arquivos *batch* e outras demandas processuais.

Em 2019, após algumas lições aprendidas e com o crescimento da tecnologia no mercado internacional que prometia *cases* de aumento de eficiência corporativa, a TI inicia a parceria com o Escritório de Processos. Agora, com um time multidisciplinar, mergulhamos em estudos e *benchmarks*, identificando melhores práticas, métodos, modelos de governança e ferramentas de mercado que poderiam nos apoiar no movimento de expansão da RPA para todas as áreas da empresa.

Nascia naquele momento o CoE – Centro de Excelência de Robotização e Automatizações. Formado por uma equipe transversal e pelas áreas de Escritório de Processos e Sistemas de *BackOffice*-TI, tinha como principais responsabilidades: apoiar as áreas no mapeamento das oportunidades, implementação, design e governança das soluções de RPA implementadas em toda a organização, incluindo as iniciativas já implementadas pela TI e que foram portadas para a nova plataforma adotada.

O primeiro grande desafio: colaboração entre pessoas e robôs

> *Eu fui para a faculdade e trabalhei duro para que um dia eu pudesse trabalhar longas horas realizando tarefas mundanas repetidas vezes. – Ninguém*

Uma das filosofias do CoE TecBan é o aculturamento dos colaboradores, auxiliando na preparação de todos para esse futuro que já chegou. Como parte do nosso trabalho, criamos uma jornada de cocriação e colaboração, possibilitando que a RPA seja vista como um pilar fundamental na estratégia das áreas rumo a um cenário cada vez mais produtivo e eficiente. No início das rodadas de apresentação do CoE deparamos com questionamentos e reflexões do tipo: "vou perder meu emprego para um robô?" ou "o que devo fazer para me preparar?".

Realizamos palestras sobre o tema em todos os polos administrativos e técnicos, com o objetivo de desmistificar o cenário entre ser humano x máquina e naturalizar a noção de que a robotização é um caminho provavelmente inevitável nas organizações. Além disso, quando bem direcionada e aplicada, tem grande benefício para os próprios profissionais, liberando-os para atividades de maior valor agregado e estratégico e para desenvolver habilidades que os robôs não conseguirão realizar – o chamado Profissional do Futuro tem como referência as competências listadas no relatório do Fórum Econômico Mundial de 2019.

Outra iniciativa que aplicamos no CoE é dar nomes aos robôs como forma de criar vínculo e personalização com a área/colaborador responsável, gerando assim uma maior conexão e tornando a experiencia da robotização mais divertida.

O segundo grande desafio: conexão do CoE com a camada estratégica da TecBan

Máquinas são para respostas, humanos são para perguntas. – Kevin Kelly

Patrocinados por umas das vertentes do movimento da empresa que acabara de definir o ciclo estratégico até 2025, voltada para o aumento de produtividade e eficiência, conseguimos alavancar os processos utilizando RPA, possibilitando assim ao CoE um "selo" de incentivo e credibilidade dentro da estruturação da estratégia.

Como parte do processo de trabalho, realizamos as seguintes etapas:

Discovery

Com o intuito de identificar e coletar oportunidades em todas as diretorias da TecBan, envolvemos o CoE, o escritório de processos e 28 áreas de negócios com uma consultoria especializada para preparar o terreno. Realizamos chamadas para dar visibilidade ao programa, centralizado pelo time de Pessoas, e conduzimos encontros para equalização e entendimento da iniciativa para toda a empresa. Além disso, criamos canais para registro de oportunidades, coletando um total de 192 oportunidades.

Assessment

O RPA não é tecnologia, e sim processos. – Fernando Capovilla

Durante as avaliações de cada uma das oportunidades, foi necessária uma análise mais aprofundada dos processos identificados para definição de quais produziriam maiores benefícios quando automatizados. Evitamos nesse primeiro momento processos novos, em construção ou com risco de mudanças. Dividimos essa avaliação em três pilares fundamentais:

1. Nível de maturidade do processo.
2. Custo x benefício para o negócio.
3. Arquitetura da solução.

Com o *assessment* realizado, foi possível fazer a avaliação das oportunidades coletadas, considerando:

- ✓ Avaliação dos processos (elegível e inelegível).
- ✓ Análise de complexidade.
- ✓ Elaboração de um *business case*.
- ✓ Cálculos de ROI, VPL, *Payback*.
- ✓ Tipificação de ganhos (quantitativo e qualitativo).

Apaixone-se pelo problema, não pela solução. – Uri Levine

Durante as avaliações, foi possível perceber que nem todos os ganhos seriam quantitativos (o que à primeira vista para a organização faz mais sentido), mas que os ganhos qualitativos também poderiam ser trabalhados para possibilitar assim uma maior abrangência dos processos com RPA.

Conseguimos avaliar os processos e como resultado aplicamos classificações para nortear a etapa de priorização da seguinte forma:

- ✓ 62% elegíveis para melhoria de processos e/ou outras soluções.
- ✓ 22% elegíveis para robotização.
- ✓ 9% não elegíveis ou descartados.

Com a seleção dos processos e apuração dos ganhos previstos, estávamos prontos para a o primeiro ciclo de entregas do CoE, chamado de CRI – Ciclo de Robotização Inteligente.

Execução dos projetos

Nesta fase a robotização foi pensada com um olhar de processos, não se tratando apenas de reproduzir o "as is" das atividades mapeadas, mas de utilizar a tecnologia para entregar uma nova jornada mais eficiente ao cliente.

A RPA foi feita para ser ágil, por isso não poderíamos implementar processos que ainda não estivessem aptos ou maduros o suficiente, para não incorrermos no erro de entregar atividades "robotizadas" que não gerassem valor.

Case ATMRs

A tecnologia das ATMs evoluiu e a indústria começou a produzir ATMs recicladoras, chamadas de ATMRs.

ATMRs são caixas eletrônicos que, além de dispensar dinheiro, também aceitam depósitos em moeda, reconhecendo as notas inseridas e preparando-as para ser dispensadas em novas transações de saque, "reciclando", dessa forma, o numerário.

Para os estabelecimentos comerciais isso também é muito vantajoso, pois eles podem utilizar o próprio caixa eletrônico do Banco24Horas para fazer recolhimentos de seus caixas – também conhecidos como sangria – e depositar imediatamente em sua conta corrente, reduzindo seus custos com transporte de valores.

E onde entra RPA nessa história? Quando uma transação de crédito é feita para um estabelecimento comercial – por exemplo, quando o gerente de um minimercado deseja fazer o recolhimento do seu caixa e depositá-lo num caixa eletrônico do Banco24Horas – a ATMR precisa gerar uma transação de crédito na conta bancária desse estabelecimento. Para algumas instituições financeiras, isso é possível através de uma conexão *on-line* com a TecBan.

No entanto, para essas instituições financeiras, existia pelo menos algum outro canal *offline*. Poderia ser um canal tão simples quanto uma transferência de arquivos por meio seguro ou a disponibilização de um portal onde fosse possível registrar os créditos de forma manual.

Foi nesse momento que RPA acelerou e viabilizou o piloto desse novo negócio. Para realizar essa conexão *offline* entre TecBan e instituição financeira, utilizamos robôs.

E como isso acontece? Os robôs extraem relatórios de transações de créditos do estabelecimento que ocorrem pelos canais transacionais já existentes do Banco24Horas. Em seguida, preparam as informações para envio às instituições financeiras. Para aquelas instituições que utilizam transferência de arquivo, os robôs preparam tais arquivos e os enviam pelo canal preestabelecido. Para as instituições que disponibilizam um portal, os robôs se comportam como um ser humano: inserem as informações extraídas como transações de crédito no site disponibilizado pela instituição.

Substituir trabalhadores humanos em atividades repetitivas e extenuantes de buscar informações em aplicações existentes, validá-las, tratá-las e em seguida inserir em outras aplicações é um padrão bastante comum no mercado de RPA. Tão comum que recebe o nome de *swivel chair task*, no jargão da área.

A utilização de robôs viabilizou rapidamente um piloto com uma quantidade inicial limitada de ATMRs integrando-se com diversas instituições financeiras sem que houvesse a necessidade de priorizar um projeto de integração com todas elas. Além disso, evitou a necessidade de aumentar o quadro de funcionários nas áreas operacionais que fazem a gestão e o controle de numerário na TecBan.

Com o passar do tempo, o piloto foi encerrado, o parque de ATMRs cresceu, alguns projetos de integração *on-line* com instituições financeiras evoluíram, porém, para uma parte delas, a integração *offline* através de RPA permanece até hoje, mostrando-se segura e escalável.

Atualmente, nossa família de robôs TecBan soma 18 personas, que seguem seus processos de desenvolvimento e amadurecimento, assistidos por seus tutores, com o intuito de serem cada vez mais relevantes para suas equipes, valorizados pela contribuição que trazem às áreas e, principalmente, abrindo espaço para o pensar – afinal, em um mundo onde cada vez mais o incerto é o certo, o imprevisível é o previsível e a tecnologia se faz presente em todas as esferas da nossa vida, nós do CoE TecBan acreditamos nisso: "a RPA veio como mais um instrumento, assim como os livros, as ciências, a história, para contribuir com a humanidade, possibilitando dar mais voz ao pensamento que cria, e este estará sempre a cargo de nós, humanos".

Figura 39.1. QR Code.
<https://open.spotify.com/episode/3nWbylh7RDY3LvxPz6hCpD?si=3tWiQuuUSyOhvdG1K8EeVw>.

40. *Case* UISA: transformação digital no agro

Fernando Baldin
Rodrigo Gonçalves

Cenário

Com a fundação em 1980, somos a maior usina sucroalcooleira da região Centro-Oeste do Brasil. Atuamos na geração de bioenergia e na produção de etanol hidratado e anidro, açúcares cristal, demerara, refinado, triturado e rubia, e produtos saneantes e para higiene pessoal com atuação nas regiões Centro-Oeste e Norte do Brasil.

Nossa planta agroindustrial é instalada na cidade de Nova Olímpia, no estado de Mato Grosso. Ao todo possuímos cerca de 90 mil hectares de terras, dos quais mais de 40.000 são ocupados por cana-de-açúcar. Com um time de mais de dois mil funcionários e quase mil parceiros, atuamos em todas as etapas da cadeia produtiva, desde o plantio da cana-de-açúcar até o comércio, a logística e a distribuição do produto acabado.

A UISA, uma das maiores produtoras de etanol e açúcar do Brasil, está usando automação robótica de processos (RPA, na sigla em inglês) para agilizar seus processos internos.

Ao todo, são 43 processos automatizados até agora em áreas como automação industrial, automação agrícola e chão de fábrica. Até o final do ano, devem ser incluídos outros 15.

Os robôs são integrados com a interface do WhatsApp, facilitando o acesso dos funcionários a diferentes fontes de informação.

"O que aumenta a produtividade é ter informação. Informação selecionada em tempo real vai além da automação dos processos repetitivos. É muito mais valioso. Prezamos em conceder informação com governança para tomada de decisão, velocidade, agilidade e qualidade, que não precisa depender do ser humano", afirma Rodrigo Gonçalves, CIO da UISA.

A interface, batizada de Sugar, oferece informação sobre 10 indicadores, incluindo vendas de energia elétrica, informação da produção, fluxo de caixa diário, mensal, plano de vendas e metas de vendas.

Na segunda onda da RPA, a TI da UISA automatizou tudo, desde *reset* de senha, RH, atendimento de folha, além de indicadores gerenciais.

Atualmente, a RPA está implantada nos departamentos de RH, Financeiro, Industrial, Agrícola, TI, Suprimentos e Logística, e a UISA já mira o futuro da RPA também na área comercial para promover a transformação do relacionamento com o cliente.

Medida em um processo simples, mas vital, a RPA permitiu aumentar a capacidade de carregamento diário, que era de 30 caminhões, para 45, sem aumentar o número de funcionários.

Desafios e oportunidades

- ✓ Inovar nos processos manuais da empresa UISA.
- ✓ Dar acesso aos dados da companhia de diversos sistemas numa única interface.
- ✓ Aumentar a capacidade de processamento sem aumentar custos.
- ✓ Estruturar o mapeamento das iniciativas comuns de automação para viabilizar o reaproveitamento de soluções atendendo à agilidade exigida pelo negócio.

Resultados

- ✓ Otimização dos recursos, padronização da governança e centralização da operação e do suporte.
- ✓ 43 processos automatizados até agora em áreas como automação industrial, automação agrícola e chão de fábrica.
- ✓ Aumento da produtividade e da qualidade de vida dos colaboradores.
- ✓ Transparência e confiabilidade.
- ✓ Acesso rápido aos dados estratégicos por parte dos executivos da UISA.

Figura 40.1. QR Code.
<https://open.spotify.com/episode/1fYT6prNeF2QRb9db5Z8SP?si=oyuqKnfqREiujUdZwhuH5w>.

41. *Case* Vibra Energia: acelerando a transformação digital com RPA

Rafael Tonassi
Allexley Bernacchi

Cenário

A Vibra Energia, antiga BR Distribuidora, foi fundada em 1971 com o objetivo de exercer a atividade de distribuição de derivados de petróleo e álcool carburante, em caráter competitivo e em igualdade de condições com as demais empresas distribuidoras em funcionamento no Brasil. Hoje, a Vibra faz seu reposicionamento como empresa de energia e se preocupa com a transição energética e a agenda ESG.

Em 2019, após passar por um processo de privatização, buscando aprimorar seus processos e avançar com a transformação digital, criou o seu *hub* de inovação aberta, o Vibra co.lab, do qual faz parte a iniciativa de automação robótica de processos, que recebeu o nome de BR@x.

O Vibra co.lab tem o objetivo de realizar iniciativas de inovação aberta, através de projetos com *startups*, *techplayers* e academia, buscando incorporar novas tecnologias e novos modelos de negócio.

Como motivador para a iniciativa de RPA na Vibra, podem ser destacados os seguintes objetivos:

- ✓ Redução de custos
- ✓ Aumento de receita
- ✓ Mitigação de riscos
- ✓ Aumento de *compliance*
- ✓ Redução de erros
- ✓ Aumento da eficiência
- ✓ Integração de sistemas

Hoje o RPA ajuda áreas como Tecnologia, Financeiro, Fiscal e RH, totalizando mais de 30 áreas atendidas e mais de 80 processos automatizados.

Resultados

- ✓ Mais de 100 mil horas retornadas ao negócio por ano.
- ✓ Entre diversas iniciativas de transformação digital na Vibra, o RPA foi destaque no lançamento do Vibra co.lab para o mercado, sendo uma das tecnologias que mais trazem resultados para a organização.

Desafios e oportunidades

- ✓ Acelerar o crescimento da iniciativa nos próximos dois anos.
- ✓ Capturar mais processos para automação através de tecnologias como *process mining* e *task mining*.
- ✓ Levar o RPA para novas áreas da Vibra Energia.

Figura 41.1. QR Code.
<https://open.spotify.com/episode/36uTPT5s00DBmyiV60FENS?si=VYvUDAYATg6PHrrY_qAEBQ>.

Referências bibliográficas

ABPMP. **BPM CBOK:** Guia para o Gerenciamento de Processos de Negócios. Corpo Comum de Conhecimento. Versão 4.o. Association of Business Process Management Professionals, 2020.

ANDERSON, J.; LEHONG, H.; PROCTOR, P. Tool: 8 Approaches for Digital Business Optimization. **Gartner Information Technology Research**, Apr. 07, 2020. Disponível em: <https://www.gartner.com/en/documents/3983092>. Acesso em: 05 abr. 2022.

APPLICATIONS RESEARCH TEAM. 2019 RPA Adoption Snapshot. **Gartner Research**, June 13, 2019. Disponível em: <https://www.gartner.com/en/documents/3939733>. Acesso em: 05 abr. 2022.

ASHOK, A. Why You Need a Center of Excellence. **Automation Anywhere**, Sep. 24, 2020. Disponível em: <https://www.automationanywhere.com/company/blog/general-technology/why-you-need-a-center-of-excellence>. Acesso em: 06 abr. 2022.

BEZERRA, J. Revolução Industrial. **Toda Matéria**, s.d. Disponível em: <https://www.todamateria.com.br/revolucao-industrial/>. Acesso em: 05 abr. 2022.

BLUE PRISM. **Blue Prism® Robotic Operating Model™**. Disponível em: <https://www.blueprism.com/pt/products/rom/>. Acesso em: 27 jun. 2022.

BURKE, B. (ed.). **Top Strategic Technology Trends for 2021.** Gartner, 2020. Disponível em: <https://emtemp.gcom.cloud/ngw/globalassets/en/information-technology/documents/insights/top-tech-trends-ebook-2021.pdf>. Acesso em: 05 abr. 2022.

CEARLEY, D. et al. Top 10 Strategic Technology Trends for 2020. **Gartner Research**, Oct. 21, 2019. Disponível em: <https://emtemp.gcom.cloud/ngw/globalassets/en/doc/documents/432920-top-10-strategic-technology-trends-for-2020.pdf>. Acesso em: 05 abr. 2022.

COL, P. Attended on desktops? Unattended on servers? RPA is a continuum! **Medium**, Oct. 17, 2017 Disponível em: <https://medium.com/@PierreCol/attended-on-desktops-unattended-on-servers-rpa-is-a-continuum-42b2b5a0afd2>. Acesso em: 05 abr. 2022.

DATA SCIENCE ACADEMY. **Diferenças entre RPA, IA e Machine Learning.** 17 ago. 2021. Disponível em: <https://blog.dsacademy.com.br/diferencas-entre-rpa-ia-e-machine_learning/>. Acesso em: 06 abr. 2022.

DELOITTE INSIGHTS. **Automation with intelligence:** reimagining the organisation in the 'Age of With'. Deloitte, 2019. Disponível em: <https://www2.deloitte.com/content/dam/Deloitte/tw/Documents/strategy/tw-Automation-with-intelligence.pdf>. Acesso em: 05 abr. 2022.

EISNER, M. What is a Business Rules Management System (BRMS)? **ProcessMaker**, Oct. 21, 2020. Disponível em: <https://www.processmaker.com/blog/what-is-a-business-rules-management-system-brms/>. Acesso em: 06 abr. 2022.

EUROSTAT. **Glossary:** Full-time equivalent (FTE). Nov. 05, 2020. Disponível em: <https://ec.europa.eu/eurostat/statistics-explained/index.php/Glossary:Full-time_equivalent_(FTE)>. Acesso em: 06 abr. 2022.

FASTPATH. The history of the RPA technology – Part 1. **FastPath Blog**, Apr. 17, 2020. Disponível em: <https://fastpathautomation.com/en/the-history-of-rpa-technology/>. Acesso em: 05 abr. 2022.

FIGURELLI, R. **RPA Robotic Process Automation:** as empresas e os negócios na velocidade da luz. S.l.: Trajecta, 2017.

GARCIA, E. Inteligência Artificial e RPA: por que é fundamental que essas tecnologias caminhem juntas? **CIO**, 29 set. 2020. Disponível em: <https://itforum.com.br/noticias/inteligencia-artificial-e-rpa-por-que-e-fundamental-que-essas-tecnologias-caminhem-juntas/>. Acesso em: 06 abr. 2022.

GARTNER GLOSSARY. **Artificial Intelligence (AI).** Disponível em: <https://www.gartner.com/en/information-technology/glossary/artificial-intelligence>. Acesso em: 05 abr. 2022.

GARTNER GLOSSARY. **Automated Testing.** Disponível em: <https://www.gartner.com/en/information-technology/glossary/automated-testing-and-quality-management-distributed-and-mainfra>. Acesso em: 05 abr. 2022.

GARTNER GLOSSARY. **Business Intelligence (BI) Platforms.** Disponível em: <https://www.gartner.com/en/information-technology/glossary/bi-platforms>. Acesso em: 05 abr. 2022.

GARTNER GLOSSARY. **Business Process Management Suites (BPMSs).** Disponível em: <https://www.gartner.com/en/information-technology/glossary/bpms-business-process-management-suite>. Acesso em: 05 abr. 2022.

GARTNER GLOSSARY. **Digitalization.** Disponível em: <https://www.gartner.com/en/information-technology/glossary/digitalization>. Acesso em: 27 jun. 2022.

GARTNER GLOSSARY. **Digitization.** Disponível em: <https://www.gartner.com/en/information-technology/glossary/digitization>. Acesso em: 27 jun. 2022.

GARTNER GLOSSARY. **Enterprise Resource Planning (ERP).** Disponível em: <https://www.gartner.com/en/information-technology/glossary/enterprise-resource-planning-erp>. Acesso em: 05 abr. 2022.

GARTNER. **Gartner Forecasts Worldwide Hyperautomation-Enabling Software Market to Reach Nearly $600 Billion by 2022.** Gartner Press Release, Apr. 28, 2021. Disponível em:

<https://www.gartner.com/en/newsroom/press-releases/2021-04-28-gartner-forecasts-worldwide-hyperautomation-enabling-software-market-to-reach-nearly-600-billion-by-2022>. Acesso em: 07 abr. 2022.

GRAHAM, C.; VILLA, A.; TORNBOHM, C. Forecast Snapshot: Robotic Process Automation, Worldwide, 2018 Update. **Gartner Research**, Oct. 10, 2018. Disponível em: <https://www.gartner.com/en/documents/3891486>. Acesso em: 05 abr. 2022.

HARPER, J. The Next Level of Robotic Process Automation: Automating Data Science. **Inside Big Data**, Apr. 17, 2020. Disponível em: <https://insidebigdata.com/2020/04/17/the-next-level-of-robotic-process-automation-automating-data-science/>. Acesso em: 06 abr. 2022.

HOBSBAWN, E. J. **The age of revolution:** Europe 1789-1848. London: Abacus, 1977.

HORTON, R. **The Robots Are Coming.** Deloitte Insight, 2015. Disponível em: <https://www2.deloitte.com/content/dam/Deloitte/uk/Documents/finance/deloitte-uk-finance-robots-are-coming.pdf>. Acesso em: 05 abr. 2022.

HUBBARD, F. E. **Preachments:** Elbert Hubbard's Selected Writings. Kila, MT: Kessinger Publishing, 1998, 480p.

HUNTER, R.; WESTERMAN, G. **O Verdadeiro Valor de TI:** como transformar TI de um centro de custos em um centro de valor e competitividade. São Paulo: M. Books, 2011.

IEEE SA. **IEEE Guide for Terms and Concepts in Intelligent Process Automation. IEEE 2755-2017.** Sep. 28, 2017. Disponível em: <https://standards.ieee.org/ieee/2755/6893/>. Acesso em: 06 abr. 2022.

ISO. ISO/IEC 27000: 2018. Information technology – Security techniques – Information security management systems. International Organization for Standardization, 2018.

JASON, L. Capítulo 1. **SlideServe**, Oct. 09, 2014. Disponível em: <https://www.slideserve.com/lacey/cap-tulo-1>. Acesso em: 05 abr. 2022.

JAVATPOINT. **History of RPA (Robotic Process Automation).** Disponível em: <https://www.javatpoint.com/history-of-rpa>. Acesso em: 05 abr. 2022.

JAVATPOINT. **RPA Tutorial.** Disponível em: <https://www.javatpoint.com/rpa>. Acesso em: 05 abr. 2022.

JR, F. Produtividade do brasileiro é a mesma há 30 anos. **Jornal da USP**, 21 fev. 2020. Disponível em: <https://jornal.usp.br/atualidades/produtividade-do-brasileiro-e-a-mesma-ha-30-anos/>. Acesso em: 06 abr. 2022.

KARAMOUZIS, F. et al. Top Strategic Technology Trends for 2021: Hyperautomation. **Gartner Research**, Dec. 23, 2020. Disponível em: <https://www.gartner.com/en/documents/3994860>. Acesso em: 06 abr. 2022.

KAVLAKOGLU, E. AI vs. Machine Learning vs. Deep Learning vs. Neural Networks: what's the difference? **IBM Cloud**, May 27, 2020. Disponível em: <https://www.ibm.com/cloud/blog/ai-vs-machine-learning-vs-deep-learning-vs-neural-networks>. Acesso em: 06 abr. 2022.

LAWTON, G. Hyperautomation: the most significant RPA trend of 2020. **TechTarget**, Feb. 28, 2020. Disponível em: <https://www.techtarget.com/searchcio/feature/Hyperautomation-The-most-significant-RPA-trend-of-2020>. Acesso em: 06 abr. 2022.

LE CLAIR, C. The RPA Market Will Reach $2.9 Billion By 2021. **Forrester**, Feb. 13, 2017. Disponível em: <https://www.forrester.com/report/The-RPA-Market-Will-Reach-29-Billion-By-2021/RES137229?objectid=RES137229>. Acesso em: 27 jun. 2022.

MASTERS, K. What's the Difference Between Robots and Macros? **UiPath Blog**, Sep. 15, 2014. Disponível em: <https://www.uipath.com/blog/rpa/whats-the-difference-between-robots-and-macros>. Acesso em: 05 abr. 2022.

MCHUGH, B. Gartner's IT Automation Trends for 2022. **IT Automation Without Boundaries**, s.d. Disponível em: <https://www.advsyscon.com/blog/gartner-it-automation/>. Acesso em: 17 mai. 2021

MONTEIRO, T. Dados, Informação, Conhecimento, Ideia e Sabedoria. **MobiBlog**, 25 jun. 2016. Disponível em: <http://mobimais.com.br/blog/dados-informacao-conhecimento-ideia-e-sabedoria/>. Acesso em: 05 abr. 2022.

MULLAKARA, N.; ASOKAN, A. K. **Robotic Process Automation Projects:** build real-world RPA solutions using UiPath and Automation Anywhere. Birmingham: Packt Publishing Ltd., 2020.

NEDELKOSKA, L.; QUINTINI, G. **Automation, skills use and training.** OECD Social, Employment and Migration Working Papers, Mar. 08, 2018. Disponível em: <https://www.oecd-ilibrary.org/employment/automation-skills-use-and-training_2e2f4eea-en>. Acesso em: 06 abr. 2022.

OECD. **Glossary of Statistical Terms:** Full-Time Equivalent Employment. Disponível em: <https://stats.oecd.org/glossary/detail.asp?ID=1068>. Acesso em: 06 abr. 2022.

OECD. **OECD Employment Outlook 2019:** The Future of Work. Organisation for Economic Cooperation and Development, 2019.

PANETTA, K. Gartner Top 10 Strategic Technology Trends for 2020. **Gartner**, Oct. 21, 2019. Disponível em: <https://www.gartner.com/smarterwithgartner/gartner-top-10-strategic-technology-trends-for-2020/>. Acesso em: 05 abr. 2022.

PETTEY, C. Prepare for the Impact of Digital Twins. **Gartner**, Sep. 18, 2017. Disponível em: <https://www.gartner.com/smarterwithgartner/prepare-for-the-impact-of-digital-twins/>. Acesso em: 05 abr. 2022.

PMI. **Guia PMBOK®:** Um guia do conhecimento em gerenciamento de projetos. 6.ed. Newtown Square, PA: Project Management Institute, 2017.

RASHID, F. Y. Gartner says low-code, RPA, and AI driving growth in 'hyperautomation'. **The Machine**, Apr. 28, 2021. Disponível em: <https://venturebeat.com/2021/04/28/gartner-says-low-code-rpa-and-ai-driving-growth-in-hyperautomation/>. Acesso em: 06 abr. 2022.

RAY, S. et al. Move Beyond RPA to Deliver Hyperautomation. **Gartner Research**, Dec. 16, 2019. Disponível em: <https://www.gartner.com/en/documents/3978174>. Acesso em: 06 abr. 2022.

REDAÇÃO. Mercado global de IA deve crescer quase 20% este ano, diz IDC. **InforChannel**, 16 fev. 2022. Disponível em: <https://inforchannel.com.br/2022/02/16/mercado-global-de-ia-deve-crescer-quase-20-este-ano-diz-idc/>. Acesso em: 27 jun. 2022.

REINSEL, D.; GANTZ, J.; RYDNING, J. **Data Age 2025 – The Digitization of the World:** from edge to core. IDC White Paper, Nov. 2018. Disponível em: <https://www.seagate.com/files/www-content/our-story/trends/files/idc-seagate-dataage-whitepaper.pdf>. Acesso em: 06 abr. 2022.

SADASIVA, S. The Rise of Cognitive Robotic Process Automation. **Forbes**, Aug. 19, 2019. Disponível em: <https://www.forbes.com/sites/forbestechcouncil/2019/08/19/the-rise-of-cognitive-robotic-process-automation/?sh=716aebac2a7f>. Acesso em: 06 abr. 2022.

SALESFORCE BRASIL. Deep Learning e Machine Learning: conheça as diferenças. **Salesforce blog**, 30 abr. 2018. Disponível em: <https://www.salesforce.com/br/blog/2018/4/Machine-Learning-e-Deep-Learning-aprenda-as-diferencas.html>. Acesso em: 06 abr. 2022.

SCHORN, B.; BORBA, E. Z. **O impacto da inteligência artificial na relação dos bancos com os millenials na era pós-digital.** Jun. 2019. Figura 1. Disponível em: <https://www.researchgate.net/figure/Figura-1-Crescimento-Exponencial-da-Tecnologia_fig1_341264983>. Acesso em: 27 jun. 2022.

SCHULTE, W. R. et al. Innovation Tech Insight for Business Rules Management Systems. **Gartner Research**, May 08, 2018. Disponível em: <https://www.gartner.com/en/documents/3874292>. Acesso em: 06 abr. 2022.

SGANDERLA, K. Automação integrada com BPMS e RPA: pessoas e bots trabalhando juntos pelo melhor desempenho da organização. **iProcess**, 25 ago. 2020b. Disponível em: <https://blog.iprocess.com.br/2020/08/automacao-integrada-com-bpms-e-rpa-pessoas-e-bots-trabalhando-juntos-pelo-melhor-desempenho-da-organizacao/>. Acesso em: 06 abr. 2022.

SGANDERLA, K. O que é FTE (Full-Time Equivalent) e como calcular este importante indicador para oportunidades de RPA. **iProcess**, 09 set. 2020a. Disponível em: <https://blog.iprocess.com.br/2020/09/o-que-e-fte-full-time-employee-e-como-calcular-este-importante-indicador-para-oportunidades-de-rpa/>. Acesso em: 06 abr. 2022.

SGANDERLA, K. Quatro fatores chave para o sucesso na implantação de processos automatizados. **iProcess**, 13 maio 2015. Disponível em: <https://blog.iprocess.com.br/2015/05/quatro-fatores-chave-para-o-sucesso-na-implantacao-de-processos-automatizados/>. Acesso em: 06 abr.2022.

STOUDT-HANSEN, S. et al. Predicts 2020: RPA Renaissance Driven by Morphing Offerings and Zeal for Operational Excellence. **Gartner Research**, Dec. 10, 2019. 15 p. Disponível em: <https://www.gartner.com/en/documents/3976135>. Acesso em: 05 abr. 2022.

TIAN, Z. RPA + data analytics = an unprecedented force for digital transformation. **PwC**, Aug. 07, 2018. Disponível em: <https://www.pwc.ch/en/insights/digital/rpa-data-analytics-an-unprecedented-force-for-digital-transformation.html>. Acesso em: 06 abr. 2022.

TORNBOHM, C.; DUNIE, R. Market Guide for Robotic Process Automation Software. **Gartner Research**, Dec. 05, 2017. Disponível em: <https://www.gartner.com/en/documents/3835771>. Acesso em: 05 abr. 2022.

UIPATH. **Robotic Process Automation (RPA).** Disponível em: <https://www.uipath.com/rpa/robotic-process-automation>. Acesso em: 05 abr. 2022.

UIPATH ACADEMY. **Learning Plans.** Disponível em: <https://academy.uipath.com/learning-plans>. Acesso em: 27 jun. 2022.

VISHNOI, L. RPA and Data: how robotics is facilitating innovation by automating data science. **DZone**, June 08, 2020. Disponível em: <https://dzone.com/articles/rpa-and-data-how-robotics-is-facilitating-innovati>. Acesso em: 06 abr. 2022.

WELSH, J. What the History of RPA Technology Says About its Future. **Global Payroll Association**, Mar. 28, 2019. Disponível em: <https://globalpayrollassociation.com/blogs/technology/what-the-history-of-rpa-technology-says-about-its-future>. Acesso em: 05 abr. 2022.

WORLD ECONOMIC FORUM. **The Fourth Industrial Revolution, by Klaus Schwab.** Disponível em: <https://www.weforum.org/pages/the-fourth-industrial-revolution-by-klaus-schwab/>. Acesso em: 06 abr. 2022.

Dedicatória e agradecimentos

Dedico mais um livro aos amores da minha vida: meus filhos Lucas e Luisa, minha esposa Keila, meus pais Iracema e José Prado e meus irmãos Simone, Paulo e Sandra. Agradeço a Deus essa nova conquista e parabenizo o time organizador pelo comprometimento na curadoria e aos coautores pela dedicação que resultou em mais uma obra incrível para nossa série da Jornada Colaborativa. Parabenizo a liderança exemplar da Ana Cláudia Rodrigues e os organizadores Leonardo Martins e Gilberto Strafacci. Agradeço a meus familiares e amigos da SulAmérica, Jornada Colaborativa e ADAXL pelas oportunidades de aprendizado e aos milhares de alunos, leitores e participantes das minhas palestras pela grande receptividade e troca de experiências que me tornam uma pessoa melhor a cada dia.

Antonio Muniz
Fundador da Jornada Colaborativa e criador do programa LíderProExpert

Dedico este livro ao meu filho amado, Gabriel, a minha razão de viver e minha principal motivação para lutar, conquistar e me desafiar constantemente, para quem quero ser o maior exemplo e inspiração. Agradeço todo o apoio que tive do meu esposo Wladmir e da minha querida e linda mãe, D. Romilda. Sem o suporte deles não teria conseguido o tempo para me dedicar a este projeto que é um dos grandes sonhos da minha vida. Agradeço imensamente aos meus companheiros de curadoria Leonardo Martins e Gilberto Strafacci, profissionais extraordinários e pessoas maravilhosas que toparam o convite para essa empreitada sem hesitar e que fizeram acontecer. Agradeço a cada coautor que dedicou seu tempo, um bem cada vez mais precioso hoje em dia, para compartilhar seu conhecimento e gerar esta obra que ajudará muitos leitores. Um agradecimento especial ao grande Antonio Muniz por ter confiado a mim a liderança da curadoria e que é minha fonte inesgotável de inspiração.

Ana Cláudia Rodrigues
Organizadora e coautora da Jornada Colaborativa

A gente não faz nada sozinho. Este livro foi feito com a colaboração de muitas pessoas, especialistas nas suas respectivas áreas, que, juntas, construíram um arcabouço de conhecimento a ser compartilhado com a sociedade. Deixo meu imenso agradecimento aos meus parceiros de curadoria, Ana Cláudia e Gilberto Strafacci, que me concederam essa oportunidade e me apoiaram ao longo de toda essa jornada, e a todos os coautores que dedicaram tempo, esforço e conhecimento para a construção deste material.

Por fim, mas não menos importante, deixo minha gratidão aos meus sócios de Bridge & Co, Carlos Eduardo, Carolina Abrantes, Rafael Quinteiro e Fernando Batista, que foram peças fundamentais para meu crescimento profissional e desenvolvimento dos conhecimentos que tenho hoje, e a meus pais e irmãos, José Martins Jr, Sonia Martins, Gustavo Martins, Gulherme Martins e Luiza Martins, que me formaram como ser humano e construíram minhas bases de valor.

Leonardo Martins
Organizador e coautor da Jornada Colaborativa

Esse livro é a materialização do poder de colaboração e coordenação em torno de um propósito. Mais do que um livro, representa aquilo que nos torna únicos, o poder de cooperação. Agradeço ao Muniz, à Ana e ao Leonardo pelo convite e pela paciência, mas principalmente pela troca de vivências e experiências com pessoas tão incríveis. Agradeço a todos os autores e autoras que foram parceiros nessa grande jornada e aos leitores que corroboram o propósito dessa iniciativa. Agradeço a Deus, meus pais, minha amada esposa Luana e minha querida cachorra Helga, que esteve ao meu lado (ou no meu colo) durante boa parte dessa empreitada.

Gilberto Strafacci
Organizador e coautor da Jornada Colaborativa

Sobre os organizadores e coautores

Antonio Muniz
Palestrante, *podcaster*, professor, *Head* de Agilidade, *DevOps*, Produto e SRE. Como fundador e líder da Jornada Colaborativa, mobilizou milhares de coautores e novas lideranças para escrever dezenas de livros sobre tecnologia, desenvolvimento de software, agilidade, inovação e liderança. Já inspirou mais de 30 mil pessoas em cursos de MBA, *bootcamps*, videoaulas, *workshops*, consultorias e palestras em empresas líderes de mercado, como SulAmérica, Petrobras, Vivo, Itaú, Oi, Furnas, Eletrobras, DHL, Banco do Brasil, Ernst & Young, Finep, SEBRAE, UOL, PagSeguro, Makro, Totvs, Jucesp, Ambev Tech e Dafiti. Sua formação tem uma base multidisciplinar em negócios, tecnologia e liderança, com mestrado em Administração no IBMEC, MBA em Telecomunicações na FGV, graduação em Tecnologia na Unigranrio e certificações em agilidade, *Lean*, tecnologia, projetos, processos e serviços. https://www.linkedin.com/in/muniz-antonio1/
Allexley Bernacchi
Partner e *Co-Founder* da Smarthis, *startup* de tecnologia fundada em 2018, considerada uma das 100 *startups* mais inovadoras do Brasil, de acordo com o *ranking* da revista *Pequenas Empresas Grandes Negócios*. Atua nos últimos 15 anos na liderança de iniciativas de transformação digital para grandes empresas. Graduado em Engenharia de Produção, com MBA Executivo e *Post-MBA* em estratégia pela COPPEAD. https://www.linkedin.com/in/allexley-bernacchi/
Ana Cláudia Rodrigues
Graduada em Matemática, também possui formação em Transformação Digital e Liderança da Inovação pelo MIT, cursou o XBA – Programa Internacional Executivo de Gestão Exponencial da Startse University, além de MBA em Gestão de Negócios com ênfase no setor elétrico. Já trabalhou em grandes empresas nacionais e multinacionais e atualmente é *Head* de Transformação Digital em Furnas. Apoia negócios inovadores como mentora pela ABMEN (Associação Brasileira de Mentores de Negócio) e no InovAtiva Brasil. Apaixonada por pessoas e por contribuir para o crescimento de todos ao seu redor. https://www.linkedin.com/in/anac-rodrigues/
Andréia Sanchez
Em seus 45 anos, atua há mais de 22 em TI, onde já pôde realizar entregas de projetos em várias áreas: solução, qualidade, gestão de projetos e nos últimos 11 anos está à frente de equipes de desenvolvimento de software. É mãe de dois meninos que lhe ensinam e a melhoram como ser humano a todo tempo. Teve um encontro com a yoga aos 42 anos. Das suas paixões, os filhos (incluindo os de quatro patas), seu parceiro na vida e no amor, a física quântica e viajar. https://www.linkedin.com/in/andreia-sanchez-415184

Antonio Pinho

Líder de soluções de integração e Transformação Digital. Líder de CoE de RPA, *intelligent apps*, BI e *big data*. Especialista em *business intelligence*, com 15 anos de experiência. Engenheiro de dados em projetos de BI. Arquiteto especialista em integração de dados para projetos de BI.
https://www.linkedin.com/in/antonio-pinho-55943116

Bruno Ribeiro

Agilista, *coach* de liderança e de desenvolvimento, pai do Biel e da Tais e marido da Taty. Tem como principal valor a família e ajuda as pessoas a alcançar todo o seu potencial através do aprendizado.
https://www.linkedin.com/in/brunobribeiro/

Carlos Eduardo C. de Carvalho

Sócio e fundador da Bridge & Co., *Head of IT Governance and ITSM*, professor de MBAs e palestrante. Mestre em Engenharia de Produção pela COPPE/UFRJ, com ênfase em Governança de TI. Professor de MBA em instituições como UFRJ, FGV e UFJF. Estrategista de TI, especialista em Planejamento Estratégico de TI, Desenho Organizacional, Orçamento de TI, Definição de Processos e Metodologias de TI, Gestão Ágil de Projetos e Liderança de Talentos. Atuou como Diretor de Tecnologia da Informação (CIO) por três anos em empresa líder em comércio exterior no Brasil. Entusiasta de transformações digitais.
https://www.linkedin.com/in/carlosedcarvalho/

Caroline Alcântara

Product Owner no time de Automações da Globo. Graduada em Engenharia Elétrica e com aperfeiçoamento em Mineração de Dados Complexos, atua há cinco anos no ciclo *end-to-end* de desenvolvimento RPA, com foco em mapeamento de processos, desenho e entrega de soluções. Apaixonada pela transformação que a tecnologia é capaz de imprimir nos processos e no dia a dia das pessoas.
https://www.linkedin.com/in/carolinedealcantara/

Celina Hara

Gerente de Tecnologia da Informação do Grupo Servopa. O Grupo Servopa foi fundado em 1955, atuando nos segmentos de concessionárias de automóveis, caminhões, motocicletas e consórcio, além de outros serviços ligados diretamente ao setor automotivo.
https://www.linkedin.com/in/celina-hara-1539089/

Diego Arcanjo

Apaixonado por Processos, Pessoas e Tecnologia. Graduado em Tecnologia da informação e MBA em *Business Process* Automático & *Emerging Technologies*. Especialista em Gerenciamento de Processos de Negócios (BPM), transformação digital, automação de processos robóticos (RPA) e inovação de processos de negócio. Possui 15 anos de atuação centralizada em projetos de transformação de processos, visando torná-los mais eficientes, inteligentes, inovadores e integrados.
https://www.linkedin.com/in/diego-nascimento2020

Evandro Correia

Desenvolvedor desde 2010. De .NET à RPA (*Advanced Dev certified* tanto *UIPath* quanto *HelpSystems* RPA), formado na FATEC BS e pós-graduando na PUC-MG. Segue o propósito – desde 2010 na ETEC Ruth Cardoso – de manter as pessoas focadas em suas tarefas relevantes.
https://www.linkedin.com/in/evandro15almeida

Felipe Jaber Castro

Formado em Ciência da Computação pela UFF, amante de tecnologia e inovação. Divide seu tempo entre a Eletrobras, sua família, a cozinha e a música.
https://www.linkedin.com/in/felipe-jaber-castro-ab0a3914

Felipe Lara

Programador que está buscando sempre superar a si mesmo. Novas tecnologias o desafiam e o motivam! Automação é a sua paixão!
https://www.linkedin.com/in/felipe-silveira-lara-85706110b/

Felipe Parreira

Atuando com automações de processos desde 2001 com emulação de terminais *mainframe* e ativamente com RPA desde 2015. Como sua formação é de desenvolvimento de softwares, leva sempre consigo todos as boas práticas.
https://www.linkedin.com/in/felipeparreira

Fernando Baldin

Formado em Relações Públicas com MBA em Administração atuando há mais de 25 anos na área de TI. Atualmente é *Country Manager* da AutomationEdge no Brasil.
https://www.linkedin.com/in/fernandobaldin/

Fernando Hannaka

Engenheiro de produção e MBA em gerenciamento de projetos. Entusiasta da cultura de inovação e gestão de *startups*, com propósito de transformação de pessoas e organizações através da liderança empática, automação de processos e transformação analítica.
https://www.linkedin.com/in/fernandohannaka/

Gilberto Strafacci Neto

Lidera empresas na transformação digital por meio de automação inteligente e gerenciamento ágil de projetos. *Country Manager* da Practia Global no Brasil. Sócio Sênior e Diretor de Operações e Desenvolvimento de Negócios da Setec Consulting Group e Cofundador da *startup*. Cientista de dados, especialista em inovação e gestão, engenheiro pela Escola Politécnica da Universidade de São Paulo, *Certified Master Black Belt, Certified Scrum Master, Certified Agile Coach, Certified Kanban Professional, Certified Agile Trainer, Certified RPA COE Manager, RPA Developer* e *RPA Business Analyst, Certified Manager 3.0, Certified LEGO Serious Play Facilitator.*
https://www.linkedin.com/in/gilbertostrafacci/

Jefferson Heloy

Bacharel em Ciências da Computação, possui mais de seis anos de experiência profissional em TI. Possui também certificações de desenvolvimento RPA em *Automation Anywhere, UiPath* e WDG IBM. Vivência como consultor e desenvolvedor.
https://www.linkedin.com/in/jefferson-heloy-373a0281/

Kelly Portela

Partner da Smart Solution & Co, analista de negócios com mais de 15 anos de carreira com certificação de Qualidade pelo Prêmio Qualidade Rio (PqRio), Membro da Associação Brasileira de *Lawtechs* e *Legalthechs* (Ab2L), Membro da Associação Nacional dos Profissionais de Proteção de Dados (ANPPD) e MBA em Gerenciamento de Projetos pela FGV. Membro do Programa de Voluntariado de Furnas e gerente do projeto de voluntariado que atendeu a aproximadamente 200 crianças da comunidade de Jardim 5 Marias em Guaratiba, Rio de Janeiro. Ex-atleta de handebol de quadra e atleta master de handebol de praia.
https://www.linkedin.com/in/kelly-portela-ba852526

Kelly Sganderla

Sócia e Consultora Sênior de Inovação em Processos na iProcess, instrutora na iProcess Education. Bacharel em Ciência da Computação (UniLaSalle), pós-graduada em Novas Tecnologias, Transformação Digital e Agilidade (FIA-SP) e mestranda em Gerenciamento de Banco de Dados e Processos de Negócio (UFRGS). Coautora do livro "Análise e Melhoria de Processos de Negócio" (2012), membro da equipe de tradução do Guia BPM CBOK v4 e atuante no blog da iProcess e em fóruns abertos nos temas de BPM, BPMN e RPA.
http://www.linkedin.com/in/kellysganderla/pt

Leonardo Martins

Sócio Sênior da Bridge & Co., formado em Engenharia de Computação e Informação pela UFRJ, com MBA em Gerenciamento de Projetos pelo IBMEC. Com mais de 10 anos de experiência em projetos de automação e digitalização de processos de negócios na Bridge, é responsável pela estruturação de serviços de robotização em parceria com os principais provedores de tecnologia do mercado de RPA (IBM, Automation Anywhere, UI Path e Blueprism). Além do foco atual em automação e robotização de processos, também é especialista em governança e gestão de TI, acumulando diversas certificações relacionadas às práticas presentes em CobiT, ITIL e *Scrum*. Atualmente, também é responsável pelas operações das unidades de negócios da Bridge & Co.
https://www.linkedin.com/in/leonardo-martins-bridge/

Lucia Inez Rakauskas

Bacharel em Matemática com MBA em Tecnologia da Informação pela FGV. Possui mais de 30 anos de experiência profissional em TI, com certificações PMP, PSM e PSPO. Atuação em gestão de projetos e análise de negócios em instituições financeiras globais. Participação em projetos de implementação de RPA promovendo melhoria de processos, redução de custos e erros operacionais, aumento da produtividade e segurança da informação.
https://www.linkedin.com/in/luciarakauskas/

Luiz Eduardo Labriola

Mestre em Engenharia de Produção, atua como gerente de projetos na Icatu com foco em negócio com times multidisciplinares. Possui 10 anos de experiência em projetos atuando como GP e PMO com metodologias ágeis, preditivas e híbridas.
https://www.linkedin.com/in/luizeduardolabriola/

Marcelo de Carvalho

Mestrando em Ciência da Computação com especialização em Arquitetura Empresarial e Sistemas Corporativos pela PUC-Rio. Possui mais de 30 anos de experiência profissional em TI. Atua como Gerente Substituto do Departamento de Transformação Digital de Furnas e como *Head* da Tribo de Monetização, responsável pelos projetos com potencial de geração de novos negócios para a empresa. Vivência como consultor e perito de informática.
https://www.linkedin.com/in/marcelo-de-carvalho

Marcelo Henrique Machado

Administrador com experiência em Gestão Eletrônica de Documentos, ECM e BPM. Profissional multidisciplinar com vivência nas áreas de tecnologia da informação. Há sete anos trabalhando com automação.
https://www.linkedin.com/in/marcelo-henrique-machado-a0662524/

Mikael Schirru

Formado em análise e desenvolvimento de sistemas pelo Instituto Infnet e com MBA em engenharia de computação e sistemas pela UFRJ. Atualmente trabalha como desenvolvedor e arquiteto RPA na Smarthis, onde também é sócio.
https://www.linkedin.com/in/mikaelschirru/

Nelson Ricardo Galiani

Profissional de TI com vasta experiência em desenvolvimento de software. Atualmente é gestor de equipe de alta performance que implementa e integra sistemas heterogêneos complexos em ambientes *multicloud*. Atua com diversas tecnologias, tais como RPA (*Robotic Process Automation*), Java, .Net, ServiceNow etc., para atender aos clientes e sustentar o *backoffice* multivariado da organização. Formado em Ciência da Computação com pós-graduação em Novas Tecnologias, Transformação Digital e Agilidade.
https://www.linkedin.com/in/nelson-galiani-1260b21/

Pedro Akiama

Atualmente trabalha como Suporte Global RPA. Realiza o monitoramento e a melhoria das automações em RPA de processos de empresas multinacionais.
https://www.linkedin.com/in/pedroakiama/

Priscilla Vieira

Bacharel em Análise de Sistemas, possui mais de 22 anos de experiência na área de TI. Atua como líder da Prática RPA no Brasil na empresa Indra Company e como COE *Leader*. Nos últimos quatro anos vem ajudando na implementação dos Centros de Excelência em projetos de RPA e hiperautomação, já tendo guiado grandes empresas no início dessa jornada.
https://www.linkedin.com/in/priscilla-vieira-b171881/

Rafael Ferreira Bittencourt

Product Owner com mais de 16 anos de experiência na área de TI, tendo atuado com gestão de produtos digitais, consultoria de gestão de processos de negócios, análise e desenvolvimento de software. MBA em Gestão de Projetos pela FGV, com as certificações PSPO, CBPP e *Yellow Belt*.
https://www.linkedin.com/in/rafaelfbittencourt/

Rafael Gonsalves Cruvinel

Já trabalhou com centenas de robôs e automações para empresas de diversos segmentos, desde *startups* até empresas multinacionais. Em cada uma delas, gerou lucro e disrupção com soluções tecnológicas diversas, principalmente com RPA e hiperautomação, inclusive com tecnologias *open source*.
https://www.linkedin.com/in/rafaelgcruvinel/

Rafael M. Bastos

Designer por formação, teve sua primeira transição de carreira ao se tornar especialista em gestão de projetos em grandes corporações. Com mais de 15 anos em tecnologia e inovação, posiciona-se no mercado como Especialista em Transformação Digital, tendo participado de diversos projetos e programas estratégicos onde a cultura e o compartilhamento de conhecimento foram essenciais. Além da cadeira de projetos, especializou-se também em gestão estratégica de dados, lideranças transformadoras, *Scrum Master* e Engenharia de Requisitos. Professor e coordenador de pós-graduação em Transformação Digital e Gestão de Produto pela BBI of Chicago.
https://www.linkedin.com/in/rafaelmbastos

Rafael Tonassi

Mais de 20 anos de experiência em Projetos de TI conectando os mais diversos negócios, tecnologias e, principalmente, pessoas. Ultimamente atuando em processos e áreas de Transformação Digital e, recentemente, como responsável pelo CoE de RPA da BR Distribuidora.
https://www.linkedin.com/in/rtonassi

Ramon Cordeiro

Bacharel em Sistemas da Informação pela Universidade de Mogi das Cruzes, possui mais de seis anos de experiência em TI. Trabalha há três anos liderando o pilar de RPA da Certsys Tecnologia, ajudando empresas de diversos ramos do mercado na jornada de automação de processos, com implementação de Centros de Excelência (CoE), treinamentos e mentoria.
https://www.linkedin.com/in/ramon-cordeiro-b06299a2/

Raphael Palmeira da Silva

Engenheiro de produção e pós-graduando em *Data Science* e *Analytics*, possui vasta experiência em projetos de tecnologia, desde sua gestão e governança até o desenvolvimento de soluções. Especialista em otimização e automatização de processos, já atuou liderando times durante a implementação de Centros de Excelência (CoE), desenvolvimento de robôs e mapeamento de processos. Possui diversas certificações, com destaque para *Solution Architect*, *Advanced Developer* e *Business Analyst* pela UiPath.
https://www.linkedin.com/in/raphael-palmeira/

Renato Pinheiro de Souza

Pós-graduado no programa *Management of Technology* da Universidade Federal do Rio de Janeiro. Atua há mais de vinte anos com desenho de arquiteturas em temas ligados às áreas de infraestrutura e segurança da informação, com trajetória em lugares como Banco do Brasil, UFRJ etc. Atuou ainda como professor e coordenador acadêmico na graduação nas áreas de análise de sistemas, redes de computadores e segurança da informação em instituições como UFRJ e Universidade Gama Filho.
https://www.linkedin.com/in/renatopinheirosouza/

Rodrigo Gonçalves

Com mais de 18 anos de experiência na gestão de tecnologia e inovação junto a grandes empresas nacionais e multinacionais do agronegócio, com passagem por Cofco, Veracel e outras. Formado em Sistemas de Informação com MBA em Gestão de Projetos e MTA em gestão de tecnologia. Atualmente está como Diretor de Tecnologia e Inovação da UISA, um dos principais grupos do agronegócio brasileiro, onde lidera toda a equipe de tecnologia e inovação, sendo responsável pela digitalização e pela inovação da companhia.
https://www.linkedin.com/in/rodrigorgon%C3%A7alves/

Victor Camacho

Profissional de desenvolvimento de sistemas e automação de processos desde 2005. Especialista em RPA e automação inteligente. Autor de artigos e instrutor de RPA. Idealizador do projeto "RPA para *Devs*, TI e Curiosos", com ampla atuação nas redes sociais.
https://www.linkedin.com/in/victor-camacho-

Vinícius Siqueira

Desenvolvedor RPA da Bridge & Co., arquiteto de solução certificado pela UiPath, possui também certificações de desenvolvimento RPA em UiPath, Automation Anywhere, Kryon e IBM RPA.
https://www.linkedin.com/in/siqueiravinicius/

Vitor Paulo Moreira Correa

Graduado em Informática pela PUC-RJ, possui quatro pós-graduações, incluindo MBA em Gerência de Projeto pela FGV-RJ e MBA em Governança de TI pela FGV-RJ. É certificado como profissional PMP há 10 anos e atua na área de TI há mais de 25 anos, com passagens por empresas nacionais e multinacionais em funções técnicas e de gestão, como análise de negócios, análise de processos e gestão de projetos de tecnologia, principalmente nos ramos da indústria e de seguros. Está há 11 anos na Eletrobras Holding, onde atualmente ocupa a função de Gerente de Transformação Digital.

Wemerson Medeiros

MBA em Gestão de Processos, Especialista em Gestão de Mudanças, Graduado em Administração de Empresas. Atua na governança de tecnologia da informação no setor público desde 2012. Entusiasta de novas tecnologias que permitam uma gestão mais humana e inteligente.
https://www.linkedin.com/in/wemersonmedeiros

Jornada Kanban na prática

Jornada Business Agility

Jornada do Ágil Escalado

Jornada Ágil de Liderança

Jornada Ágil do Produto

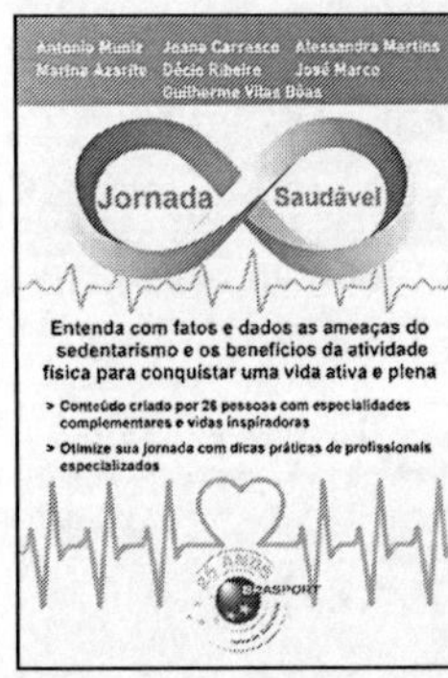

Jornada Saudável

Jornada Ágil de Qualidade

Jornada Ágil e Digital

Jornada DevOps 2ª edição

+ de 200
Títulos
BRASPORT
e-Book
50% mais barato que o livro impresso.
Confira nosso catálogo!
À venda nos sites das melhores livrarias.